Abrakadabra

Zauber und Magie für alle Lebensbereiche

Minerva Tramunt

Abrakadabra

Zauber und Magie für alle Lebensbereiche

tosa

Blume mit dem Purpurschein
Die Cupidos Pfeile weihn,
Senk dich in sein Aug hinein;
Wenn er sieht sein Liebchen fein,
Daß sie glorreich ihm erschein
Wie Cyther' im Sternenreihn.
Wachst du auf, wenn sie dabei:
Bitte, daß sie hilfreich sei.

Oberon, der Elfenkönig,
„Ein Sommernachtstraum“
von William Shakespeare

Inhaltsverzeichnis

Bringen Sie Magie in Ihr Leben

Ein erstes Mal oder eine letzte Nacht, ein Lächeln, ein Gedicht, ein flüchtiger Blick, eine schöne Erinnerung oder ein Moment der Erwartung – das sind einzigartige und besondere Momente, die man nur schwer beschreiben kann. *„Es scheint Magie zu sein …“*, sagen wir, wenn wir keine Erklärung haben. *„Es war ein zauberhafter Moment …“*, wenn wir von Fantastischem und Außergewöhnlichem berichten.

Manchmal lassen sich Verstand und Gefühl nicht miteinander vereinbaren. Etwas Unsichtbares, Himmlisches schwingt in uns mit und erfüllt uns mit Wärme, aber auch mit Befremden. Die Magie hat ihren Platz in diesem mysteriösen, aufregenden Universum. Ebenso ist dieses Buch ein Teil der wunderbaren Welt der Träume und der Magie …

Ich erzähle Ihnen jetzt eine Geschichte, eine von vielen, die Sie in diesem Buch finden werden. Zwei Wochen bevor Esther Sanz – eine Lichtgestalt und Expertin in Sachen Magie – mich anrief, hatte ich einen seltsamen Traum. Ich ging durch einen vernebelten Wald, umgeben von gekrümmten, alten Ulmen. Der Boden war bedeckt mit trockenen Blättern. Es gab keine Wege und ich war orientierungslos. Die Ulmenblätter unter meinen Füßen raschelten. Plötzlich hörte ich in der Ferne Musik. Ich erreichte einen hellen, wundersamen Ort, an dem eine Feier stattfand. Die Menschen sahen aus wie Bauern, trugen Kleider aus einem anderen Zeitalter und hatten sich versammelt, um den Göttern für die Ernte zu danken. Sie aßen, tranken, lachten und tanzten … Sie feierten und ich feierte mit ihnen. Als die Nacht hereinbrach, entzündeten sie ein Lagerfeuer und setzten ihr Fest fort bis zum Morgengrauen.

Ich musste weiter, aber bevor ich ging, näherte sich mir eine alte Frau mit einem kleinen Beutel. *„Nimm!“*, sagte sie. *„Pflanze diese Samen in fruchtbare Erde. Bald wird etwas aufgehen, was du nicht erwartest.“* Dieser Traum erschien mir so real! Ich erwachte verwundert, aber mit einem Gefühl von Sicherheit, überzeugt, dass etwas passieren würde. Sei es Intuition, Zufall oder Magie … kurz darauf gingen die Samen auf. Ein Verlag wollte ein neues Buch über Zauberei und Zaubersprüche herausgeben und nach einigen Sitzungen entstand dieses wunderbare Projekt. Ich erinnere mich noch an den Tag der Vertragsunterzeichnung. Es geschah etwas Zauberhaftes: Unter meinen Füßen knisterte ein Ulmenblatt, das aus meinem Traum gekommen sein musste, um mir ein Zeichen zu geben.

Ich hoffe, Ihnen gefällt mein Buch. Für mich ist damit ein Traum Wirklichkeit geworden.

Minerva Tramunt

Ein bisschen Geschichte

Magie hat es schon immer gegeben und wird es auch immer geben: seit den Magiern der babylonischen Mythologie, den Magiern aus Persien und den Priestern aus dem alten Ägypten bis hin zu den Schamanen, den griechischen Magiern, den Wahrsagern aus Rom, den keltischen Druiden und den Hexen aus dem Mittelalter. Es war das anerkannte und zugleich rätselhafte Wissen der großen Meister wie Pythagoras, Trismegistos, Zarathustra und Konfuzius. Sie alle gaben ihre Weisheit und ihre besonderen Geistesgaben an die folgenden Generationen weiter. Bei ihren wundersamen Praktiken kombinierten sie bereits vorhandenes Wissen mit Erkenntnissen aller Art. Sie konnten die Sterne deuten, kannten die Naturgesetze und verfügten außerdem über Kenntnisse in Medizin, Physik, Chemie und Pharmakologie. Neben allem wissenschaftlichen Verständnis bestachen sie durch ihren sechsten Sinn, ihre Intuition, ihre göttlichen Gaben oder übernatürlichen Fähigkeiten. Man begegnete ihnen sowohl mit Respekt und Bewunderung als auch mit Angst und Misstrauen. Einige von ihnen wurden verfolgt, eingesperrt, gefoltert und dazu gezwungen, ihr Wissen zu verleugnen. Viele wurden als Sympathisanten der Schwarzen Magie auf dem Scheiterhaufen verbrannt. Zwischen dem 14. und dem 18. Jahrhundert gab es allein in Europa mehr als 100 000 Exekutionen. Die katholische Kirche war maßgeblich an dieser Verfolgung beteiligt. Die Stimmung in dieser Zeit wird anhand eines Schriftstücks von Papst Johannes XXII. deutlich: *„Unsere Feinde haben Tränke zubereitet, die uns vergiften sollen, uns und jeden Kardinal; sie sollen keine Gelegenheit haben, sich und ihre Machenschaften zu verbreiten, sie haben Bildnisse aus Wachs hergestellt, um unser Leben anzugreifen, indem sie diese Bildnisse mit magischen Formeln belegten …“*

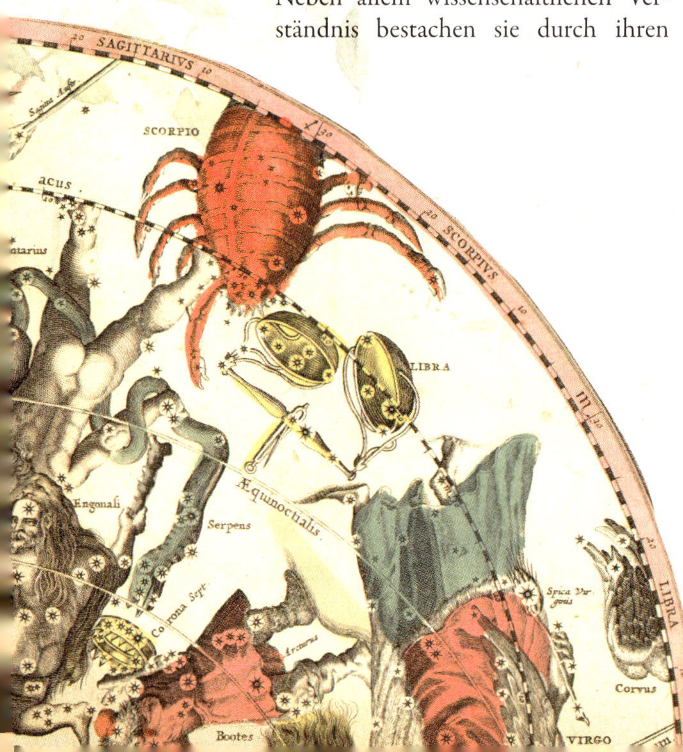

Die Hüter der Natur

Das keltische Volk hingegen bewunderte und verehrte die Tätigkeit der Druiden. Sie waren wichtige Ansprechpartner in Sachen Spiritualität. Als Zauberer, Meister und Richter hatten sie einen engen Bezug zur Natur, insbesondere zu den Bäumen, die von den Kelten besonders verehrt wurden. Bei den Kelten gab es drei Gruppen von Privilegierten: die Barden, die ihr Wissen und die Geschichten mündlich weitergaben, die Auguren, die Opfergaben und Wahrsagerituale zelebrierten, und die Druiden, die als Heiler und Richter wirkten und ebenso Philosophen waren. Sie studierten die Bewegungen der Sterne, die Eigenschaften der Pflanzen, die Kräfte der Elemente und der Natur. Es ist jedoch wenig von ihrem Wissen und ihrem Erfahrungsschatz erhalten, da sie selbst keine schriftlichen Zeugnisse hinterlassen haben. Manches ist durch Überlieferung von Legenden und epischer Literatur bekannt. So schreibt beispielsweise der römische Schriftsteller Plinius der Ältere: *„Sie bereiten nach ihrer Sitte das Opfer und das Mahl unter dem Baum und führen zwei weiße Stiere herbei, deren Hörner da zum ersten Mal umwunden werden. Der Priester, bekleidet mit einem weißen Gewand, besteigt den Baum und schneidet die Mistel mit einem goldenen Messer ab. Sie wird mit einem weißen Tuch aufgefangen. Sodann opfern sie Tiere und bitten die Gottheit, sie wolle ihr Geschenk denen, welchen sie es gegeben hat, segnen.“* Keltische Traditionen leben fort in Ritualen und Feierlichkeiten, wie zum Beispiel in Halloween.

Im Namen der Magie

Folgende große Magier, denen besondere Geistesgaben und übernatürliche Fähigkeiten zugesprochen wurden, gingen in die Geschichte ein:

* **Apollonios von Tyana:** Zeitgenosse von Jesus Christus, geboren 3 v. Chr. in Kappadokien (Türkei). Philosoph, Mystiker, Mathematiker und einer der rätselhaftesten Magier der Geschichte. Er zog die Bewohner von Athen, Korinth, Ephesos, Izmir und Rom durch sein Wirken in seinen Bann. In Rom traf er auf Kaiser Domitian, der ihn verurteilen ließ und in die Verbannung schickte. Seine Lehren und sein Wirken waren unter den Christen umstritten.

* **Simon Magus:** Samaritaner, Magier und Gnostiker, dem ähnliche Wundertaten wie Jesus Christus zugesprochen wurden. So wurde in der *Apostelgeschichte des Lukas* beschrieben: *„Es war aber ein Mann, mit Namen Simon, der zuvor in der Stadt Zauberei trieb und bezauberte das samaritische Volk und gab vor, er wäre etwas Großes. Und sie sahen alle auf ihn, beide, klein und groß, und sprachen: Der ist die Kraft Gottes, die da groß ist. Sie sahen aber darum auf ihn, dass er sie lange Zeit mit seiner Zauberei bezaubert hatte.“*

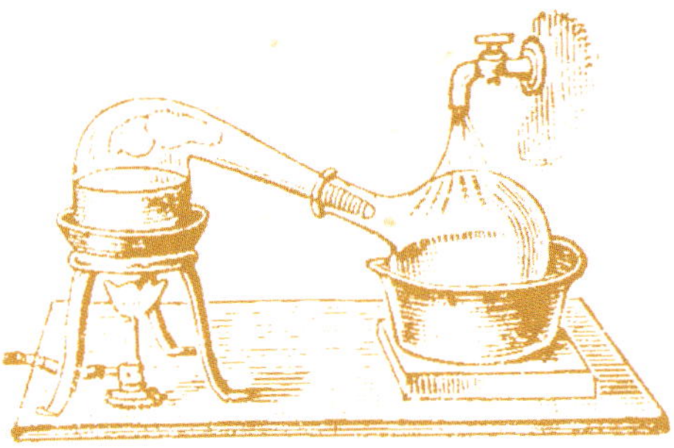

* **Heinrich Cornelius Agrippa von Nettesheim:** Berühmter deutscher Alchemist, Schriftsteller, Philosoph und Kabbalist. Bekannt ist sein Werk *De occulta philosophia libri tres* („Drei Bücher über Magie“) aus dem Jahre 1531, das mittelalterliche Erkenntnisse über Magie, Astrologie, Alchemie, Medizin und Naturphilosophie vermittelt.

* **Eliphas Levi**: Er war bemüht, die Magie und den Katholizismus miteinander zu versöhnen. Für Äußerungen wie *„ein Zauberer ist jemand, der Wunder vollbringt, die der Papst nicht anerkennen wollte …“*, hatte man in seiner Zeit jedoch kein Verständnis. Sein Hauptwerk trägt den Titel *Transzendentale Magie: Dogma und Ritual.*

* **Johannes Trithemius**: Benediktiner-Abt, gebildeter Kabbalist, der sich der Magie widmete und außerdem ein guter Freund des berühmten Cornelius Agrippa war. Er gründete die *Sodalitas Celtica*, eine geheime Gesellschaft zum Studium der Astrologie, Numerologie, der Mathematik und der Sprachen. Auf ihn gehen die ersten Versuche der Kryptografie zurück.

* **John Dee**: Englischer Astronom und Astrologe, der sein Leben der Wissenschaft wie auch der Magie und Alchemie widmete. Großer Redner und Schriftsteller. Er gab vor, eines seiner Bücher sei ihm von Engeln in der henochischen Sprache diktiert worden – eine Sprache, mit der die Kommunikation mit Lichtwesen möglich sei.

* **Nicolas Flamel**: Bekannter französischer Alchemist, der einer Legende zufolge mittels des berühmten Steins der Weisen jede Art von Metall in Gold verwandeln konnte. Durch den Stein der Weisen, der angeblich in einer magischen Substanz bestand, soll er Unsterblichkeit erlangt haben.

Zaubereien, Verzauberung und Zaubersprüche

Der wunderbare Geist der Magie und der Zauberei begleitet uns schon lange Zeit. Bereits in vor- und frühgeschichtlicher Zeit benutzte der Mensch die Zauberei, um bei der Jagd erfolgreich zu sein. Skulpturen und Zeichnungen in den Höhlen von Lascaux, Altamira und Montespan bezeugen rituelle und magische Absichten. Auch die alten Ägypter bedienten sich der großen Kunst der Magie und Zauberei. Hier ist vor allem Nektanebos zu nennen, einer der letzten Pharaonen Ägyptens, der für die Griechen „einer der größten Magier" war. Es gibt eindrucksvolle Belege für sein Interesse an Magie und Zauberei. Ein Beispiel hierfür ist der Papyrus Westcar, der im Ägyptischen Museum Berlin aufbewahrt wird. Er wurde im Inneren eines Sarkophags gefunden und beschreibt die Praktiken eines Magiers namens Dedi, der eine Gans geköpft und sie mit einem seiner Zaubersprüche wieder zum Leben erweckt haben soll.

Aber was versteht man nun unter Magie? Es handelt sich um das Zusammenwirken von Wissen, Glauben und verschiedenen Methoden, die von einem Magier, einer Hexe oder einem Zauberer angewendet werden, mit dem Ziel, die Realität ohne physikalische oder rationale Hilfsmittel zu verändern. Es sind Praktiken, die immer eng mit den verschiedensten religiösen und philosophischen Strömungen verbunden sind und bereits im Heidentum verbreitet waren. Die Zauberei kann sowohl für ein Kollektiv nützlich sein (Regen für die Felder, Wahrsagen im antiken Rom und in Griechenland) als auch für Einzelpersonen (Talismane, Amulette, heilende Elixiere und Liebestränke). Allgemein wird zwischen zwei Arten von Magie unterschieden: Weiße Magie und Schwarze Magie. Die Weiße Magie hat ein gutes Ansinnen, die Schwarze Magie will Schaden anrichten und strebt den Pakt mit dunklen Wesen an. Zur Umsetzung werden verschiedene Techniken und Materialien angewendet. Es gibt Magie mit Kerzen und Feuer, mit Kräutern und Naturelementen, mit Bändern und Knoten, mit Steinen und Kristallen, mit Tränken, Ölen und Räucherstäbchen usw.

Die sechs Stufen eines Zaubers

Wenn Sie einen Zauber anwenden wollen, dann sollten Sie folgende sechs Punkte berücksichtigen:

1. **Vorbereitung:** Zuerst sollten Sie einen geeigneten Ort auswählen und das benötigte Material bereitstellen sowie sich innerlich mittels eines Reinigungs- oder Säuberungsrituals vorbereiten.

2. **Eröffnung:** Beginnen Sie das Ritual, indem Sie für die Anrufung eine magische und angemessene Umgebung schaffen.

3. **Anrufung:** Jetzt ist der Moment gekommen, in dem Sie durch magische Worte die übernatürlichen Kräfte und Geschöpfe heraufbeschwören.

4. **Ausführung:** Jetzt vereinen sich die verschiedenen magischen Schritte, die das Ritual und somit den Höhepunkt des Zaubers darstellen.

5. **Opfergabe:** Physische und symbolische Opfer, um die Gunst der magischen Wesen zu erlangen.

6. **Abschluss:** Der feierliche Zeitpunkt, an dem wir uns für das Empfangene bedanken und das magische Ritual beenden.

Amulett und Talisman

Die beiden Begriffe dürfen nicht verwechselt werden. Für gewöhnlich ist ein Amulett ein Gegenstand, in den wir unser Vertrauen und unsere Kraft legen, damit er uns gegen das Böse schützt. Ein Talisman hingegen ist eine einzigartige, persönliche und nicht übertragbare Sache, die mit ihrer magischen Kraft unsere Sehnsüchte und Wünsche zu erfüllen hilft. Das Amulett schützt, der Talisman hilft.

Der Begriff „Amulett" taucht zum ersten Mal im Werk *Naturalis Historiae* von Plinius dem Älteren auf. Er beschreibt das Amulett als *„einen Gegenstand, der eine Person vor einem Problem schützt"*. Bereits im antiken Ägypten, Griechenland und Rom wurden Götter durch Symbole (wie z. B. das Horusauge) repräsentiert. In der orientalischen Kultur hatte man tierische Beschützer, während die Kelten dafür auf Elemente der Natur zurückgriffen. Der Mensch war schon immer auf der Suche nach Schutz und Sicherheit. Wer hat keinen besonderen Gegenstand, von dem er sich nie trennen würde? Seine Energie gibt uns Ruhe und Halt. Das Amulett hat eine magische Wirkung und wir tragen es immer bei uns. Ein einzigartiger, persönlicher Gegenstand verwandelt sich also in einen magischen Gegenstand.

Ein Talisman kann aus Metall, Kristall, Edelstein oder einem anderen Material bestehen. Um ihm die nötige Kraft zu verleihen, sollten Sie einige Rituale kennen und den richtigen Zeitpunkt für die magische „Aufladung" bestimmen können. Paracelsus äußerte sich zur Magie des Talismans in seiner Schrift *Archidoxa* wie folgt: *„Dass aber die Dinge, die sich außerhalb des Leibes befinden, gegen keine Sucht oder Krankheit helfen sollten, das ist nicht der Fall. Denn die Sonne, die uns das Licht und heiteres Wetter spendet, durchdringt auch die verborgenen Dinge … Sollte dann nicht der Lenz, die Natur und der Einfluss des Himmelsgestirns und der Planeten und andere Mittel, die wir dazu den Metallen, Kräutern, Steinen und dergleichen entnehmen wollen, in den menschlichen Körper auf verborgene Organe, auf Nerven und Adern und bei verschiedenen Gebrechen einwirken können, wenn solche in dem Fleisch, im Blut des Menschen hin und wieder durch lange Zeit und aus mancherlei Ursachen entstehen? Denn der Krankheit und Unfälle gibt es mancherlei, und in gleicher Weise gibt es auch eine Heilung und Hilfe dawider …"*

Haben Sie eine Geistesgabe?

Wir alle können uns in der Welt der Magie, der Zaubereien und der Zaubersprüche bewegen. Jedoch sollten einige Voraussetzungen erfüllt sein:

1. **Wunsch und Notwendigkeit:** Meistens nähern wir uns der Magie, weil wir nach etwas suchen. Wir sehnen uns nach der Erfüllung unserer Sehnsucht und unserer Bedürfnisse. Dieser intensive Wunsch ist die Grundlage allen Zaubers und stellt eine besondere magische Verbindung her. Wenn wir wirklich benötigen, was wir uns wünschen, wird unsere Visualisierungskraft und Konzentrationsfähigkeit während des Rituals besonders stark sein.

2. **Emotionale Auswirkung:** Ein sehnlicher Wunsch oder ein Bedürfnis wird von unseren Gefühlen genährt und beeinflusst. Wir können uns der Welt der Magie nicht ohne Gefühle nähern. Damit der Zauber das gewünschte Resultat hervorbringt, müssen wir eine starke Verbindung zur Welt der Magie herstellen. Ohne Überzeugung, ohne Vorstellungskraft und ohne starke Emotionen wird sich uns diese magische Tür niemals öffnen.

3. **Erkenntnis und realistische Erwartungen:** Erkenntnis beruht auf Weisheit und Weisheit erfordert Erfahrung. Deshalb ist es wichtig, aufrichtiges Interesse und insbesondere Geduld aufzubringen. Es ist wichtig, die richtigen magischen Worte sowie den richtigen Zeitpunkt und das benötigte Material für ein Ritual auswählen zu können. Die kraftvollsten magischen Kräuter sind nutzlos, wenn wir nicht wissen, wie wir sie anwenden sollten. Es ist ebenso wichtig, zu wissen, welche Auswirkungen die Magie haben kann und wie weit wir gehen können. Deshalb sollten wir realistisch sein und die möglichen Erfolge unserer Zauberei schätzen, vor allem als Anfänger.

4. **Glaube:** Wenn wir etwas erwarten, bedeutet das nicht, dass es uns an Vertrauen oder Glauben mangelt. Magie erfordert einen Bewusstseinswandel. Wir müssen einen geistigen Zustand erreichen, mit dem wir unsere rationale Prägung überwinden können. Nur wenn wir die Hürden der Rationalität überwinden, gelingt es uns, die Tore zur Welt der Magie zu öffnen.

5. **Physische Unterstützung:** Magie erfordert Zeit, Geduld und Erdverbundenheit. Das heißt, wenn wir z. B. einen Liebeszauber durchführen, müssen wir gleichermaßen aktiv werden. Wollen wir die Liebe einer bestimmten Person? Dann nehmen wir sofort am nächsten Tag Kontakt mit ihr auf. Wollen wir uns im Beruf verbessern? Dann sollten wir möglichst bald etwas tun, um es zu erreichen. Magie funktioniert nur, wenn der Magier oder Zauberer es auch wirklich will.

Welche Art von Magie bevorzugen Sie ...

Magie ist die Kunst, fernab von Logik und Naturgesetzen seine Ziele durchzusetzen. Wie dies zu tun ist, ist jedem Magier, jeder Hexe und jedem Zauberer bekannt. Im Folgenden werden die Bereiche der Magie vorgestellt, die am weitesten verbreitet sind:

* **Magie der Kerzen:** Der Einsatz von Kerzen ist bei vielen Ritualen üblich. Sie helfen, die Umgebung zu reinigen, stärken die Vorstellungskraft und haben eine starke Anziehungskraft für unterschiedliche Arten von Energie.

* **Magie der Seile und Knoten:** Häufig angewendet bei Ritualen zur Bindung oder Loslösung.

* **Magie der Steine und Kristalle:** Sie sind vor allem wegen ihrer heilenden und energetischen Kraft sehr gefragt. Edelsteine, Halbedelsteine sowie Kristalle eignen sich gut für jede Art von Ritual.

* **Magie der Kräuter:** Aromatische Heilpflanzen, Schalen oder Rinden sowie kleine Früchte stellen eine hervorragende Basis für die Herstellung von Zauberelixieren dar.

* **Magie des Weihrauchs:** Hierbei ist die Luft von besonderer und magischer Bedeutung. Wir verwenden sie, um unsere Wünsche und Bitten zu der heraufbeschworenen Gottheit aufsteigen zu lassen.

* **Magie der Öle und Essenzen:** Hierbei werden zumeist Öle, Tinkturen und Naturharze verwendet.

* **Magie des Wahrsagens:** Sterne, Runen und Tarotkarten werden hier am häufigsten verwendet.

* **Magie der Spiritualität:** Zauber, bei dem man um den Schutz durch eine Gottheit, einen Kobold oder eine Lichtgestalt (z. B. Engel) bittet.

* **Magie der Sympathie:** Gründet auf dem Gedanken, dass sich Gleiches gegenseitig anzieht. Rituale, bei denen Sie Samen aussäen oder den Namen einer Person einfrieren, um die Vergangenheit zu überwinden.

Magische Elemente

Dies ist ein praktisches Handbuch über Magie und zahllose Zaubersprüche, über Zaubertränke, Elixiere und Rituale. Um mit diesem Buch zu arbeiten, muss man sich zunächst mit den Grundlagen der darin vorgestellten Zaubertechniken vertraut machen.

Die Kraft der Worte

Die richtige und deutliche Aussprache der magischen Worte in einem Ritual der Weißen Magie ist wohl das Wichtigste überhaupt. Diese Worte und Formeln gehören zu den Grundlagen der Zauberei. Um ihre magische Kraft zu entfalten, ist Folgendes zu beachten:

- **Wohlklang der Worte:** Die verwendeten Worte sollten eine gewisse Musikalität aufweisen und angenehm klingen, während sie gesprochen werden.

- **Weniger ist mehr:** Magie ist für die Seele bestimmt, nicht für den Verstand. Unsere Sehnsüchte und Wünsche müssen nicht rational erklärt werden. Am besten überbringen wir unsere Botschaft, wenn sie kurz und deutlich formuliert wird.

- **Gefühl:** Wenn wir nicht an unsere Zaubersprüche glauben, bleiben die Türen zum wundervollen Universum der Magie verschlossen. Nur wenn wir aus tiefstem Herzen sprechen, können wir die magische Schwelle übertreten.

Bevor man die Kraft eines Zauberspruches nutzt, sollte man sich mit ihm vertraut machen. Schreiben Sie ihn auf und lesen Sie ihn mehrmals laut vor, bis Sie seine magische Kraft spüren. Legen Sie sich am besten ein eigenes Zauberbuch an und führen Sie Buch über Ihre Erfahrungen mit der Magie. Verwenden Sie für Ihre Rituale einen kleinen Kalender. Außerdem ist es wichtig, sich zu Beginn und am Ende eines Rituals mit Ehrfurcht an die Gottheit zu wenden und ihr stets zu danken.

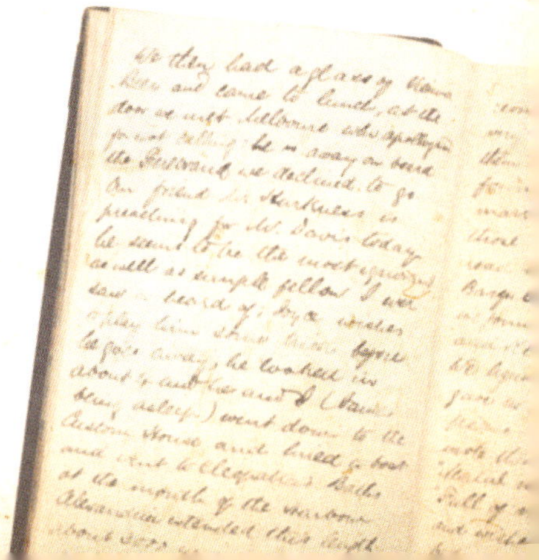

Abrakadabra

Um die magische Kraft des gesprochenen Wortes zu verdeutlichen, ist ein einfaches Zauberwort gut geeignet. „Abrakadabra" ist ein kabbalistischer Ausruf, dessen Buchstaben ursprünglich untereinander angeordnet aufgeschrieben wurden. Es wurde jeweils ein Buchstabe weggelassen, sodass ein magisches Dreieck entstand.

Schreiben Sie das magische Wort wie folgt auf ein kleines Papier auf:

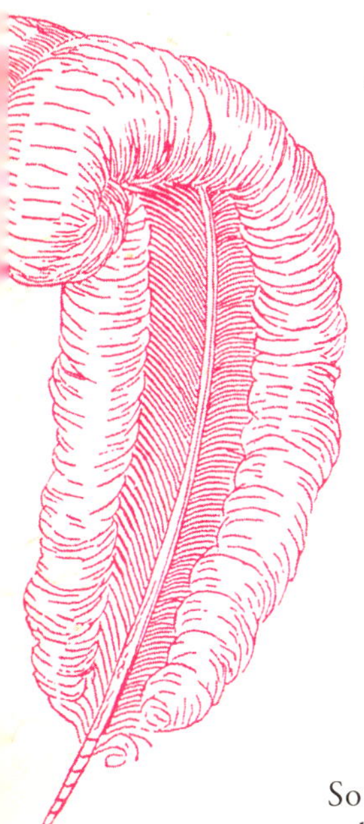

ABRAKADABRA
BRAKADABRA
RAKADABRA
AKADABRA
KADABRA
ADABRA
DABRA
ABRA
BRA
RA
A

So entsteht ein einfaches Schutzamulett, das benutzt wurde, um negative Energien zu vertreiben sowie Krankheiten und das Böse fernzuhalten. Es empfiehlt sich, das Amulett als kleines Medaillon direkt auf der Haut zu tragen.

Die schützende Natur

Feuer, Wasser, Erde, Luft – die vier Elemente der Natur sind in der angewandten Weißen Magie von großer Bedeutung. Bereits die Kelten gründeten ihre magischen Praktiken vorwiegend auf Naturphänomene. Die Magie der Druiden stützte sich auch auf Bestandteile der Natur wie Bäume, Steine, Flüsse, Höhlen usw. Jedes Element der Natur hat seine besonderen Eigenschaften:

- **Erde:** Für Zaubereien in Verbindung mit Fruchtbarkeit, Geld, Haushalt, Schwangerschaft, vergrabene Gegenstände, Stabilität, Aussaat und Wachstum. Dazu kann man verwenden: Steine, Kristalle, Erde, Früchte, Samen, Schalen oder Rinden, Blätter usw.
- **Wasser:** Für magische Rituale zur Säuberung, Reinigung, Umwandlung und Wiedergeburt. Dazu kann man verwenden: Wasser, Eis, Elixiere, Tränke usw.
- **Feuer:** Für Zaubereien in Verbindung mit Reinigung, Bindung und Lösung, Kraft, Stärke, Mut, Liebe, Leidenschaft usw. Dazu kann man verwenden: Kerzen und kleine Fackeln.
- **Luft:** Für Rituale in Verbindung mit Studium und Weiterbildung, Konzentration, Beruf und Kommunikation. Dazu kann man verwenden: Räucherstäbchen, Weihrauch, ätherische Öle usw.

Die Kraft der Zahlen

Die Magie ist keine präzise Wissenschaft, aber ihre Ausübung erfordert Genauigkeit. Den Zahlen kommt dabei eine grundlegende Wichtigkeit zu. Dazu sei Pythagoras zitiert, der sagte: *„Der Bau der Welt gründet auf der Kraft der Zahlen."* Die Numerologie ist eine sehr alte Kunst, welche die Kraft der Zahlen benutzt, um das Wesen und das Verhalten von Menschen zu erforschen. Mithilfe der Zahlen kann man die Zukunft der Menschen nicht nur voraussagen, sondern sie auch verbessern. Hinter jeder Ziffer schwingt eine kostbare Energie, die uns wertvolle psychologische und spirituelle Informationen liefert. Die Zahl des persönlichen Jahres beispielsweise ist maßgebend für alle persönlichen Schwingungen. Diese Zahl lässt sich sehr einfach ermitteln. Man addiert den Tag und den Monat des Geburtsdatums solange, bis eine einzige Ziffer übrig bleibt. Nehmen wir beispielsweise den 12. Oktober, dann rechnen wir wie folgt: $12 + 10 = 22$; $2 + 2 = 4$. Dann addiert man die Ziffern des laufenden Jahres, z. B. 2012: $2 + 0 + 1 + 2 = 5$. Schließlich werden die beiden Ergebnisse addiert: $4 + 5 = 9$. Im Beispiel wurde also das persönliche Jahr 9 ermittelt. Was das bedeutet, erfahren Sie hier:

- **Persönliches Jahr 1:** Es ist Zeit, neue Pläne voranzutreiben, neue Erfahrungen zu machen und mit alten Gewohnheiten abzuschließen. Hier fängt alles an.
- **Persönliches Jahr 2:** Es ist Zeit, im Team zu arbeiten, Verständnis zu zeigen und im Dialog zu bleiben.
- **Persönliches Jahr 3:** Das ist das Jahr sozialer Verbindungen und der Befreiung von Gefühlen.
- **Persönliches Jahr 4:** Das ist das Jahr der schweren Aufgaben. Sie sollten Ihre Ziele mit Ausdauer und Hartnäckigkeit verfolgen.
- **Persönliches Jahr 5:** Das ist das Jahr der Veränderung, ob freiwillig oder unfreiwillig.
- **Persönliches Jahr 6:** Das ist das Jahr der Gefühle. Familie, Partnerschaft ... jetzt ist der richtige Zeitpunkt.
- **Persönliches Jahr 7:** Haben Sie Geduld, es ist nicht das beste Jahr für Sie. Versuchen Sie, nicht zu viele Dinge auf einmal umzusetzen und seien Sie geduldig.
- **Persönliches Jahr 8:** Hier handelt es sich um ein entscheidendes Jahr, in dem sich Ihre Erwartungen erfüllen.
- **Persönliches Jahr 9:** Das letzte Jahr in dieser Auflistung. Möglicherweise geht eine Beziehung in die Brüche oder Ihr Leben ändert sich grundlegend. Es beginnt ein neuer Zyklus.

Unser persönliches Jahr zu kennen, kann bei der Umsetzung eines bestimmten Rituals der Weißen Magie hilfreich sein. Denken Sie daran, dass eine realistische Erwartung im Hinblick auf den Erfolg die Grundvoraussetzung für die Zauberei ist.

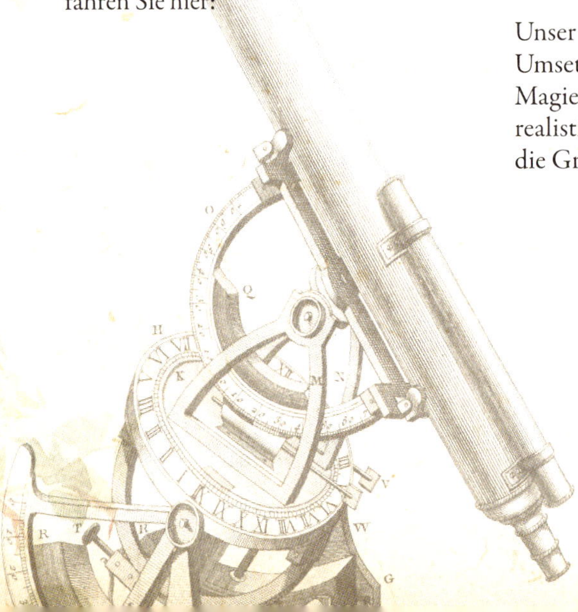

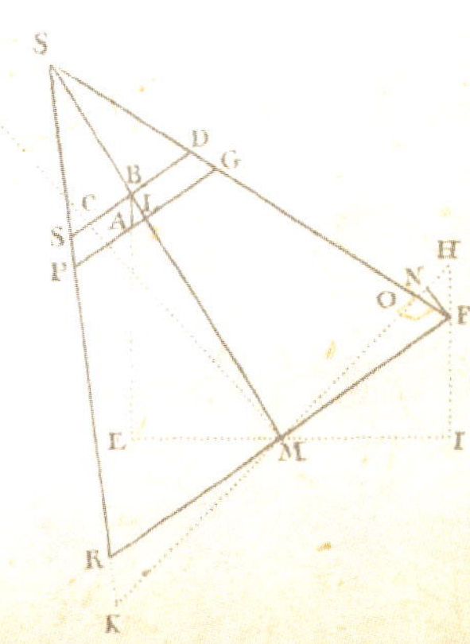

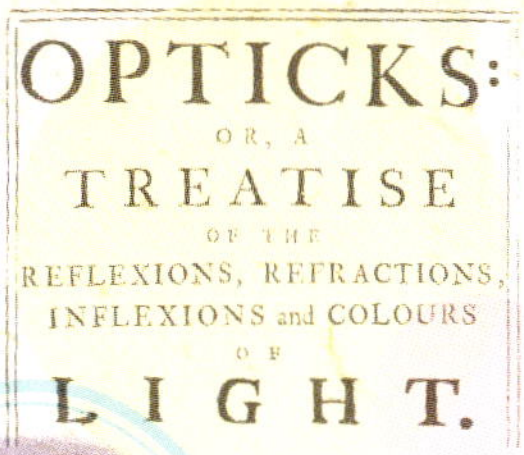

OPTICKS:
OR, A
TREATISE
OF THE
REFLEXIONS, REFRACTIONS,
INFLEXIONS and COLOURS
OF
LIGHT.

Die Kraft der Farben

Der Sage zufolge bestrafte Zeus Prometheus, weil dieser den Menschen das Feuer zugänglich gemacht hatte. Von da an war das Feuer Symbol für Göttlichkeit, Liebe und Leben. Deshalb ist es, meistens in Form von Kerzen, das Element in der Magie, das am häufigsten verwendet wird. Bevor Sie die Kerzen benutzen, sollten Sie sie mit Salz und Wasser reinigen, damit negative Energien abgehalten werden. Verwenden Sie Kerzen in den angegebenen Farben und zünden Sie die Kerzen mit Streichhölzern an. Farben spielen ohnehin eine wichtige Rolle. Ein roter Gegenstand hat nicht die gleiche Schwingung oder Energie wie ein weißer oder schwarzer. Jede Farbe hat eine bestimmte Bedeutung:

* **Gelb/Gold:** Symbol für das Göttliche. Für Rituale und Zauber zur Erlangung von Wohlstand, Erfolg und Geld.
* **Grau/Silber:** Zur Übertragung von Energie, zur Visualisierung und Konzentration.
* **Weiß:** Für jede Art von Zauber. Mächtige Wirkung bei Reinigungs- und Schutzritualen.
* **Orange:** Für Rituale zur Bindung und für Anziehungskraft.
* **Braun:** Für Rituale zur Erlangung von Erfolg und zur Umsetzung persönlicher Ziele.
* **Rot:** Symbolfarbe für Stärke, Kraft, Liebe, Sex und Leidenschaft.
* **Rosa:** Für Liebesrituale.
* **Lila:** Für die Verwirklichung drastischer persönlicher Veränderungen.
* **Grün:** Für Gesundheits- und Fruchtbarkeitsrituale.
* **Blau:** Für mentales Gleichgewicht, Ruhe und Inspiration.
* **Schwarz:** Vertreibt negative Schwingungen.

Der beste Ort

Vor der Anwendung der Weißen Magie ist es wichtig, den ausgewählten Ort entsprechend vorzubereiten. Bevor man sich einem Zauber oder Ritual widmet, muss der Ort aufgeräumt, hell, ruhig und vor allem frei von negativen Schwingungen sein. Nur dann kann die Energie gut fließen. Dafür reinigt man zunächst sich selbst, am besten mit einem warmen, duftenden Entspannungsbad bei Kerzenschein, um Körper und Geist vorzubereiten. Visualisierung und Konzentration sind während eines Zaubers sehr wichtig, deshalb müssen wir von Sicherheit und innerem Frieden erfüllt sein. Nach dem Bad ziehen wir uns bequeme Kleidung an (aus Leinen oder Baumwolle). Die Reinigung des Haushaltes ist ebenso wichtig. Sie können grobes Salz auf dem Fußboden verstreuen und damit die negativen Energien beseitigen oder Sie entzünden Räucherstäbchen oder reinigendes Öl (Zeder oder Eukalyptus). Erst dann können Sie mit dem Ritual beginnen. Wichtig ist ebenfalls, dass Sie den Raum abschließen können. Falls Sie das Ritual im Freien durchführen, ist eine Reinigung nicht nötig, aber Sie müssen den Ort sorgfältig aussuchen. Er sollte ruhig und geschützt sein, vor allem sollte er aber von positiven Schwingungen bestimmt sein. Grundsätzlich gilt für die Anwendung von Magie: Nehmen Sie sich Zeit, haben Sie Geduld und suchen Sie in aller Ruhe nach einem magischen Ort, an dem Sie sich niederlassen können.

Der beste Zeitpunkt

Sonne und Mond, Tag und Nacht, Licht und Dunkelheit. Diese Gegensätze sind besonders wichtig für die Ausübung der Weißen Magie. Am Tag sollten wir Rituale durchführen in Verbindung mit Beruf, Fruchtbarkeit, Glück und Wohlstand. In der Nacht sollten es Rituale sein, die unser inneres Wesen betreffen. Unter dem Einfluss des Mondes empfehlen sich besonders Rituale in Verbindung mit Liebe, Beziehungen, Studium und Kommunikation. Besonders geeignet sind die magischen Stunden während der Morgen- und Abenddämmerung. Der Sonnenaufgang ist für Rituale zu Wiedergeburt, Fruchtbarkeit und Reinigung gut geeignet. Bei Einbruch der Dunkelheit geht man in sich und führt Rituale in Verbindung mit Gefühlen und Gedanken durch. Während der Nacht ist es ebenso wichtig, die Mondphasen zu berücksichtigen:

* **Zunehmender Mond:** Mondphase für die Durchführung von Bindungs- und Heilungszaubereien.

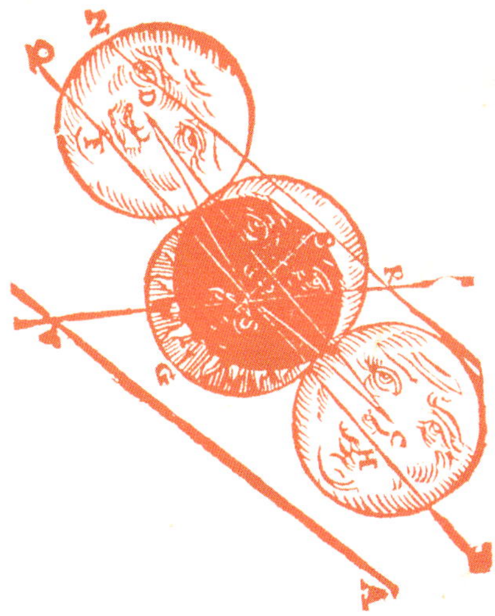

* **Abnehmender Mond:** Mondphase für Zaubereien zur Loslösung und Reinigung sowie zum Schutz gegen negative Energien.

* **Vollmond:** Ein magischer Zeitpunkt schlechthin. Unzählige Rituale können in dieser Phase durchgeführt werden, vor allem Glücksrituale.

* **Neumond:** Zur Durchführung eines Zaubers nicht empfehlenswert. Es ist der beste Zeitpunkt für Entspannung und Ruhe.

61 HILFREICHE UND MÄCHTIGE ZAUBEREIEN

Zaubereien zur Heilung und Vorbeugung

Erholsame Träume

Ein Duftkissen bei schlechtem Schlaf

Träume bringen die wahren Wünsche und Bedürfnisse ans Licht. Erinnern Sie sich an einen schönen Traum? Sicher sind Sie sofort von Zufriedenheit erfüllt. Wo unser Bewusstsein nichts ausrichten kann, kommen unsere Träume ins Spiel. Eine unerwiderte Liebe, eine ersehnte Arbeit oder eine Reise mit Ihrer Familie. Träume sind die Tür zum Unterbewussten, ein magischer Ort, der Spiegel, in dem sich unser Ich in jeder Hinsicht entfalten kann.

In die Welt der Träume einzutreten, ist nicht so einfach, wie man zunächst glauben mag. Sie müssen zuerst die Realität überwinden. Wie oft gehen wir mit quälenden Gedanken zu Bett. Das macht es schwer, sich auf Träume einzulassen. Sie schlummern in Ihnen und kommen nur zum Vorschein, wenn Sie in Sicherheit und von positiven Energien umgeben sind. Locken Sie Ihre Träume hervor mit dem Kopfkissen der süßen Träume.

Was Sie benötigen:

* ein rechteckiger Kissenbezug (30 x 20 cm) aus Baumwolle oder weißem Leinen
* 4 Tassen getrockneter Beifuß
* 2 Tassen getrocknete Lavendelblüten
* eine Tasse getrocknete Kamillenblüten
* eine Tasse getrockneter Rosmarin
* 250 g getrocknete Rosenblüten
* ein mittelgroßer Amethyst
* ein kleiner Azurit

Magische Worte:

Große Mutter Natur, danke für die Kraft und Stärke deiner heiligen Früchte. Begleite mich in die Welt der süßen Träume und lass sie wahr werden.

Wenden Sie sich an ...

***Artemis**, die griechische Göttin zum Schutz der Natur. Ihre geheimen Rituale basieren auf den verborgenen Kräften der Erde.*

Abrakadabra

Lassen Sie sich von dem berauschenden Duft der aromatischen Pflanzen in den Schlaf wiegen. Viele Pflanzen haben eine beruhigende und schmerzlindernde Wirkung:

- ☞ Kamillenblüten benutzt man schon lange als natürliches Beruhigungsmittel.
- ☞ Der Beifuß, die „Mutter aller Kräuter", begünstigt den Schlaf und wurde früher in die Wiegen von Babys gelegt, um sie zu beschützen. Man formte daraus Figuren und hängte sie zum Schutz vor bösen Geistern in alle vier Himmelsrichtungen auf. Schon die Ägypter verwendeten dieses Kraut, um sich gegen negative Kräfte zu schützen. Den Beifuß sollten Sie am 23. Juni sammeln.
- ☞ Das frische Aroma von Rosmarin und Lavendel hilft, schlechte Gedanken zu vertreiben und bewirkt einen ruhigen, angenehmen Schlaf.
- ☞ Der Amethyst besitzt die Fähigkeit, positive Energie zu bündeln. Er ist außerdem der Stein des Gleichgewichts, sowohl physisch als auch mental oder spirituell. Auch ein kleiner Azurit im Kopfkissen kann Ihre Träume verwirklichen. Reinigen Sie die Steine mit Meersalz in einem Behälter aus Keramik oder Holz. Vergraben Sie die Steine für 24 Stunden. Um ihre Kraft zu verstärken, werden die Steine im Mondlicht bei Vollmond oder zunehmendem Mond aufgeladen.

Mischen Sie alle Kräuter in einer großen Schüssel und füllen Sie diese in den Kissenbezug. Dann fügen Sie die Steine hinzu und verschließen ihn.

Bevor Sie das Kissen benutzen, schließen Sie es in die Arme und drücken Sie es an Ihr Herz. Visualisieren Sie Ihre Träume und wiederholen Sie im Kopf die magischen Worte zu Ehren von Mutter Natur. Das Kopfkissen ist nun bereit, Ihre Träume wirken zu lassen. Falls Ihr magisches Kopfkissen das Aroma verliert, schütteln Sie es, damit die Pflanzen im Inneren erneut ihren wunderbaren Duft entfalten.

Der beste Zeitpunkt
Um Mitternacht,
besonders bei Vollmond

Amethyst

Gegen die Fesseln der Abhängigkeit

Dem Verlangen entsagen und ein neues Leben beginnen

Wenn die Harmonie unseres Körpers ins Wanken gerät, können Psyche und Geist in eine Schieflage geraten. Alkohol und Tabak können unsere Gesundheit gefährden, uns erschöpfen und uns unsere Vitalität nehmen. Unter dem Einfluss schädlicher Substanzen bleibt unser freier Wille auf der Strecke. Es ist nicht leicht, sich aus dieser Abhängigkeit zu befreien. Im Kampf gegen Abhängigkeiten ist alles erlaubt. Manchmal hat eine symbolische Handlung eine größere Wirkung als alles andere. Seit Jahrhunderten sehnt sich der Mensch nach Antworten auf seine Fragen und setzt dafür Geist, Verstand, Magie und Wissenschaft ein. Können wir Abhängigkeiten mithilfe der Wissenschaft besiegen? Ja. Können wir sie mithilfe der Magie besiegen? Ja. Schon seit Jahrhunderten werden magische Rituale zur Befreiung von Abhängigkeiten abgehalten. Eines der effektivsten Rituale ist, den Gegenstand oder die Angelegenheit selbst im wahrsten Sinne des Wortes an einem verlassenen Ort zu vergraben, damit wir unsere Ruhe davor haben.

Was Sie benötigen:

* ein Symbol für das, wovon Sie sich befreien möchten: eine Zigarettenschachtel, ein Schokoriegel, ein Foto einer verflossenen Liebe ...
* eine weiße Kerze
* ein Blatt Papier und ein Kugelschreiber
* ein Behälter aus Metall
* ein rotes Band
* ein Feuerzeug
* eine kleine Gartenschaufel
* eine Eichel
* ein Amethyst
* eine kleine Flasche Wasser

Magische Worte:

Feuer, Wasser, Erde und Luft. Kräfte der Natur, ich rufe euch im Namen von Dagda. Nehmt mein Problem und entfernt es für immer von mir. Zum Tausch gebe ich euch ein neues Leben: euren verehrten Sohn, die Eiche.

Wenden Sie sich an …
***Dagda**, einer der klügsten und ältesten keltischen Götter, Vater vieler anderer Götter des keltischen Pantheons. Er wird mit dem Gott aller Bäume, der Eiche, in Verbindung gebracht.*

Abrakadabra

Dieses Ritual hilft Ihnen, sich von einer Sucht, einem Gedanken oder einer Situation zu befreien, die Sie gerade vereinnahmen. Damit die Befreiung kraftvoll und wirksam ist, begehen Sie das Ritual während der Wintersonnenwende (21. Dezember). An diesem magischen, kürzesten Tag im Jahr wechselt die Sonne ins Zeichen des Steinbocks und es folgt eine Zeit der Stille, insbesondere für die Natur.

Die Kelten hielten ihre wichtigsten Rituale zur Wintersonnenwende ab. Auch im antiken Rom wurde der Tag verehrt, an dem die Sonne die Dunkelheit besiegt und die Tage wieder länger werden. Er galt als der magischste Tag im Jahr, an dem die Römer mit ihren Ritualen ihren Göttern huldigten.

Wenn Sie zu diesem Zeitpunkt ein Befreiungsritual abhalten wollen, sollten Sie einen stillen, verlassenen Ort wählen, an dem Sie nie zuvor waren und an den Sie auch nicht mehr zurückkehren werden. Dieser Ort sollte in der Natur sein, verlassen und windgeschützt.

Zünden Sie dort die Kerze an und konzentrieren Sie sich auf das, wovon Sie sich befreien möchten, z. B. Ihre Abhängigkeit vom Rauchen. Atmen Sie tief ein, schließen Sie die Augen und stellen Sie sich vor, wie Ihnen Ihre Abhängigkeit Schaden zufügt.

Schreiben Sie dann alle Nachteile auf, die sich dadurch ergeben: Krankheit, Unwohlsein, Schuldgefühle, Schwäche etc. Wickeln Sie nun die Zigaretten in das beschriebene Papier. Versiegeln Sie es mit dem roten Band als Symbol für die Erlösung von Ihrem Laster.

Entzünden Sie nun das Bündel an der Kerzenflamme und legen Sie es in den Metallbehälter. Lassen Sie das Feuer Ihre Sucht aufnehmen, während Sie die magischen Worte mehrmals sprechen.

Während das Feuer brennt, graben Sie ein kleines Loch und werfen dann die Asche hinein. Darauf legen Sie den Amethyst, damit er Ihren Willen schützt und vermeidet, dass Ihre Sucht wiederkehrt. Legen Sie die Eichel dazu und bedecken Sie das Loch mit Erde. Glätten Sie die Oberfläche gut und begießen Sie die Stelle mit Wasser.

Entfernen Sie sich von dem Ort, ohne sich umzusehen. Zurück bleibt Ihre Sucht, bewacht von dem Amethyst und gefangen von der aufkeimenden Eiche, dem heiligen Baum der Druiden. Er symbolisiert Kraft, Stärke und Beständigkeit.

Die keltische Tradition verehrte ihn als Gottheit, die den Menschen Sicherheit, Kraft und heilende Energie gibt.

Der beste Zeitpunkt
21. Dezember, Wintersonnenwende und kürzester Tag im Jahr

Befreie mich von allem Übel

Das Reinigungsritual der Vier Elemente

Himmlisch und mächtig wie der Wind; fruchtbar und beständig wie die Erde; durchsichtig und frisch wie das Wasser; hell und warm wie das Feuer. Es gibt keine bessere Beschützerin als Mutter Natur, die uns das Leben schenkt und uns beschützt. Kaum eine Kultur pflegte eine so enge Beziehung zur Natur wie die keltische. Der Glaube der Kelten und ihre Rituale sind eng mit den Vier Elementen (Feuer, Wasser, Erde, Luft) verknüpft. Die Druiden benutzten die magischen Eigenschaften von Pflanzen, Steinen, Planeten, Meeren, Flüssen, Seen, Felsen und Bäumen, um ihrem Volk zu helfen und es vor allem Bösen zu beschützen. Außerdem beriefen sie sich auf die vier Kräfte „Wissen", „Liebe", „Mut" und „Stille". Das Wissen stand für die Luft, die Liebe für das Feuer, der Mut für das Wasser und die Stille für die Erde. Ihre Kombination war die Quelle von spiritueller Kraft und Gleichgewicht. Auch andere Kulturen und Völker waren von dieser Liebe zur Natur bestimmt. Es gibt eine schier endlose Fülle an Ritualen und Zaubereien, die auf die Kraft der Natur gründen. Die meisten davon kombinieren die Vier Elemente, je nachdem, welches Ziel angestrebt wird und welcher Wunsch umgesetzt werden soll.

Was Sie benötigen:

* 12 Lotus- oder Sandelholz-Räucherstäbchen
* ein Amethyst
* eine weiße Kerze
* ein Liter Rosenwasser
* eine Holzschale

Wenden Sie sich an …

***Demeter**, die griechische Schutzgöttin. Sie personifiziert die überschäumende Kraft der Natur. Früher verehrte man sie als Herrin über die Jahreszeiten. Auf vielen Darstellungen ist sie als Göttin auf einem Wagen mit Blüten, Früchten und Getreide zu sehen.*

Abrakadabra

Dieses mächtige Reinigungsritual ist hilfreich, um sich von allen negativen Energien zu befreien. Dabei ist es wichtig, die Aura, den Energiefluss, der alle menschlichen Wesen umgibt, miteinzubeziehen. Jeder von uns, auch Tiere und Mineralien, haben ihre eigene Aura, die mit der uns umgebenden Energie interagiert. Die freigesetzte Energie von Kristallen oder Steinen wird von der menschlichen Aura aufgenommen. Diese Aura reflektiert unseren körperlichen, emotionalen, geistigen und spirituellen Zustand. Ihre Farbe und Helligkeit variiert, je nach dem jeweiligen Zustand. Das folgende Ritual zeigt, wie wir unsere Aura zur Verbesserung des Wohlbefindens reinigen können. Bereiten Sie einen Tag zuvor mit frischem Quellwasser das Rosenwasser zu. Legen Sie mehrere Rosenblätter (beliebige Farbe, außer Gelb) in eine Holzschale. Geben Sie Wasser, eine Prise Salz und etwas Honig dazu. Lassen Sie es 24 Stunden ruhen.

Am nächsten Tag wählen Sie einen ruhigen Zeitpunkt und einen angenehm klimatisierten Ort, um Ihren Körper zu reinigen.

Das Ritual besteht aus vier Teilen:

- Reinigung durch die Luft (mit dem Rauch)
- Reinigung durch die Erde (mit dem Amethyst)
- Reinigung durch das Wasser (mit dem Rosenwasser)
- Reinigung durch das Feuer (mit der Kerze)

Entzünden Sie die weiße Kerze und vier Räucherstäbchen. Der wohlriechende Rauch sollte dabei mit unserem Körper in Berührung kommen. Beginnen Sie bei den Füßen und fahren Sie nach oben hin fort. Besondere Aufmerksamkeit bekommen Herz und Kopf (Gefühl und Verstand). Zünden Sie nun die restlichen Räucherstäbchen an, um die Umgebung reinzuhalten.

Reinigen Sie sich jetzt durch die Erde. Nehmen Sie den Amethyst und fahren Sie damit über Ihren Körper. Legen Sie den Amethyst in der Nähe der Räucherstäbchen ab und beginnen Sie mit der Reinigung durch das Wasser. Tränken Sie ein Baumwolltuch mit dem Rosenwasser und befeuchten Sie die Haut Ihres Körpers.

Lassen Sie die Feuchtigkeit an der Luft trocknen, um die Schutzhülle aus positiven Energien nicht zu beschädigen.

Der beste Ort

Dieses Ritual nutzt die Vier Elemente. Seine Kraft entfaltet sich, wenn wir es in freier Natur durchführen, z. B. an einem Bachufer oder auf einer Lichtung im Wald.

Zauber der Krieger

Überwinden Sie Ihre Ängste

Einer Legende zufolge gewann ein tapferer Soldat dank dieses Rituals mehr als 100 Schlachten. Seine Feinde fürchteten sich vor seinem Blick und vermieden es, gegen ihn zu kämpfen. Was war sein Geheimnis? Er war frei von Angst! Eine Gabe, die er durch seinen Vater erhalten hatte, als er noch ein Kind war. Es scheint, als hätte der Zauber funktioniert und dieser Junge verwandelte sich in einen furchtlosen Krieger, der sein Volk in zahlreichen Kriegen beschützte. Angst ist ein Gefühl, das uns lähmt. Angst vor Misserfolg, vor Schmerz, vor Verlust, vor Veränderung. Manchmal haben wir Angst und wir wissen nicht, woher sie kommt. Wenn wir sie überwinden wollen, müssen wir ihr ins Auge sehen, uns konzentrieren und sie Wirklichkeit werden lassen.

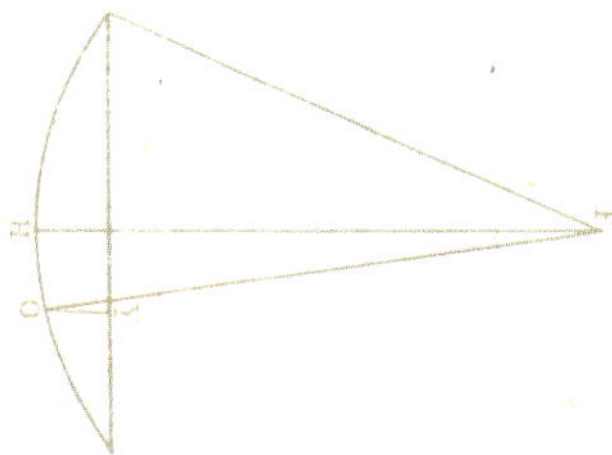

Was Sie benötigen:

* 2 Bögen aus Papier (20 x 50 cm)
* ein Bleistift
* eine weiße Kerze
* eine rechteckige Metallschale oder ein Eiswürfelbereiter

Magische Worte:
Während Sie die Metallschale oder den Eiswürfelbereiter mit Ihren Ängsten und Wünschen füllen und ins Gefrierfach legen, sprechen Sie folgende Worte:

Friere meine Ängste ein, nimm meine Zweifel, nimm meine Furcht. Möge das Eis meine Unruhe einfrieren und mir den Mut geben, die ich brauche.

Wenden Sie sich an …
***Thor**, eine Gottheit, die von den ältesten nord-germanischen Stämmen verehrt wurde. Er symbolisiert die Kraft und hält die Welt zusammen, bewaffnet mit seinem Hammer (Mjöllnir). Als sich das Christentum in Nordeuropa verbreitete, trugen die Anhänger der alten Götter Amulette mit Thors Hammer, als Gegensatz zu den Kreuzen der Christen.*

Abrakadabra

Wählen Sie einen ruhigen Moment am Tag (oder in der Nacht), um sich gut auf das konzentrieren zu können, was Sie tun. Schneiden Sie zwei Papierstreifen zurecht und legen Sie diese parallel auf den Tisch. Zünden Sie eine Kerze an, beobachten Sie die Flamme und denken Sie währenddessen an die fünf wichtigsten Wünsche Ihres Lebens. Lassen Sie sich dabei viel Zeit. Überprüfen Sie die Intensität Ihrer Wünsche und schreiben Sie sie auf einen der Papierstreifen. Konzentrieren Sie sich, beobachten Sie erneut die Kerze und vergegenwärtigen Sie sich Ihre Ängste und Befürchtungen, die mit Ihren Wünschen in Zusammenhang stehen. Wenn Sie einen Partner suchen, könnte Einsamkeit eine Ihrer Ängste sein usw. Schreiben Sie nun Ihre Ängste auf den anderen Papierstreifen und falten Sie beide Streifen fest zusammen. Legen Sie sie in den Eiswürfelbereiter und füllen Sie ihn mit Wasser. Stellen Sie ihn ins Gefrierfach und vergessen Sie ihn. Ihre Ängste werden nun symbolisch eingefroren. Schöpfen Sie nun neuen Mut und vertrauen Sie auf Ihre Stärken.

Ein kleines Geheimnis

Die weiße Kerze symbolisiert die Reinheit der Seele. Sie ist von besonderer magischer Intensität. Denken Sie daran, die Kerze niemals auszupusten, da sich der Zauber sonst auflöst. Verwenden Sie immer einen Kerzenlöscher oder zwei feuchte Finger.

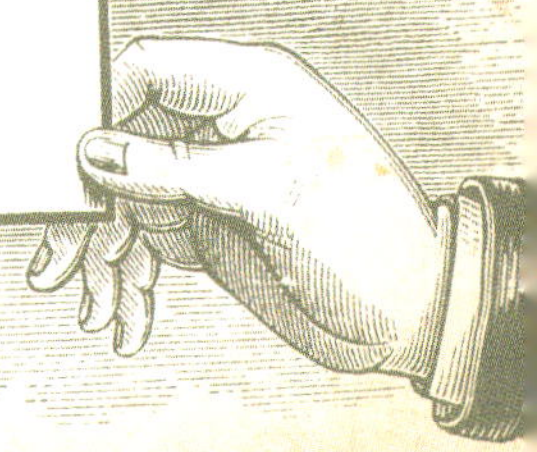

Nie wieder Tränen

Ein Leben ohne Traurigkeit

Sei es aus Liebeskummer, wegen Untreue, Anspannung oder Enttäuschung – manchmal überkommt uns die Traurigkeit und wir wissen nicht, wie wir sie wieder loswerden können. Wir sind unendlich traurig und der Kummer scheint uns zu lähmen. Wenn Sie für die Aufarbeitung bereit sind, können Sie Hathor, die ägyptische Göttin der Liebe, des Friedens, des Tanzes und der Musik, um Hilfe bitten. Erfreuen Sie Ihr Herz mit einem Ritual zu ihren Ehren und wagen Sie dann einen Neuanfang.

Was Sie benötigen:

* ein kleines Glasfläschchen mit Schraubverschluss
* ein wenig Rosmarinöl
* ein wenig Zitronenöl
* ein großes Eichenblatt

Wenden Sie sich an ...
die ***Wassernymphen****, die in Seen, Flüssen und Bächen leben. Früher war es Brauch unter jungen Menschen, die gerade volljährig geworden waren, der Wassernymphe im heimischen Gewässer einen Haarbüschel zu überbringen und damit die Vergangenheit hinter sich zu lassen und erwachsen zu werden.*

Abrakadabra

Über Jahrhunderte wurden Magier verfolgt und der Hexerei bezichtigt. Ihr Wissen war jedoch gefragt von denjenigen, die auf der Suche nach dem Unerklärlichen waren. Selbst Soldaten stützten sich auf die magischen Kräfte, bevor sie in die Schlacht zogen. Es wurden Wahrsagerinnen und dampfende Kessel mit geheimnisvollen Elixieren befragt. Die zurückgezogen lebenden Zauberer waren oft von einem übernatürlichen Mysterium umgeben. Sie konnten mit unsichtbaren Mächten in Kontakt treten, indem sie für ihren Zauber persönliche Gegenstände der jeweiligen Personen verwendeten. In ihren Wohnungen stapelten sich Fläschchen und kleine Schubladen, gefüllt mit Zauberzutaten – geheimnisvolle Kräuter, magische Steine, Fläschchen mit Tränen oder Blut, Kleiderfetzen und vieles mehr. Bindungs- und Loslösungsrituale, ob von langer oder kurzer Dauer, waren immer sehr beliebte und wirksame Praktiken.

Nicht alle Wassernymphen sind gleich. Es gibt Seenymphen (Limnaden), Meernymphen (Nereiden und Okeaniden), Flussnymphen (Potamiden) sowie Quell- und Bachnymphen (Najaden).

Für dieses Ritual benötigen Sie ein kleines Glasfläschchen mit Tränen. Denken Sie an das, was Sie traurig macht und schließen Sie es für immer in das Fläschchen ein. Mischen Sie die Tränen mit Zedern- und Zitronenöl. Das neutralisiert die negative Energie und lindert Ihren Kummer. Schließen Sie das Fläschchen und gehen Sie an einen Fluss, der Ihre Tränen aufnehmen kann. Denken Sie über Ihre Zukunft nach, genießen Sie die Umgebung und atmen Sie tief durch. Öffnen Sie das Fläschchen und gießen Sie den Inhalt über das Eichenblatt.

Die Rituale der Druiden wurden in Eichenwäldern abgehalten, für einige Rituale wurden Eichenblätter verwendet. Die Eiche steht für Stärke, Widerstandsfähigkeit und Geduld. Deshalb ist sie besonders dann geeignet, wenn Zweifel an der eigenen Durchsetzungsfähigkeit bestehen.

Wenn Sie das Blatt gut mit Ihrem Elixier eingerieben haben, legen Sie es am Flussufer in der Nähe des Wassers ab. Die Natur erledigt den Rest: Das Wasser nimmt Ihre Tränen, Sorgen und Traurigkeit mit sich, weit weg von Ihnen.

Magische Worte:

Traurigkeit, du kommst nicht mehr zu mir zurück. Gehe deinen Weg und entferne dich aus meinem Leben für immer. Möge die Kraft der Natur meine Gedanken reinigen und meine Zweifel vertreiben.

Die magische Wunschleiter

Das Ritual der magischen Knoten

Eine besonders gefürchtete Zauberei der letzten Jahrhunderte war die der magischen Knoten. In der Bibel warnt der Prophet Ezechiel vor denjenigen, *„die Binden nähen für alle Handgelenke und große Hüllen fertigen für Köpfe jedes Wuchses, um Seelen zu jagen“*. In Überlieferungen aus Griechenland, die aus dem 4. Jahrhundert stammen, trifft man auf die Beschreibung mehrerer Verbindungszauber, die mit mehr als 300 Knoten durchgeführt wurden, um den Willen einer Person „zu binden“; im Achten Buch Moses wird eine Zauberformel beschrieben, mit der man sich von Verbindungszaubern befreien kann. Die spanische Astrologin und Wahrsagerin Leonor de Barzana, die im 16. Jh. lebte, war Expertin in Sachen Verbindungszauber und stand zweimal in Toledo bei der Inquisition vor Gericht. Im vorliegenden Buch werden jedoch ausschließlich Rituale und Zaubereien aus der Weißen Magie beschrieben, so auch das folgende Ritual der magischen Knoten, mit dem wir Liebe, Arbeit, Glück, Gesundheit usw. in unserem Leben verankern können.

Was Sie benötigen:

* eine rote Schnur (von einem Meter Länge)
* 9 Samen oder Blätter von verschiedenen Bäumen

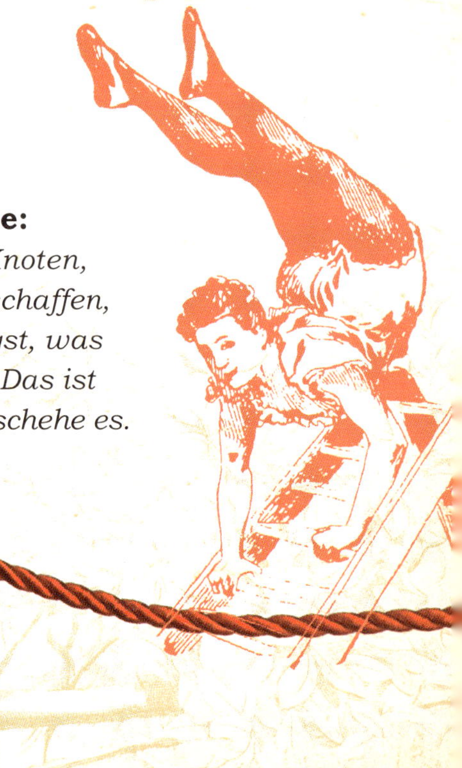

Magische Worte:
Leiter mit neun Knoten,
ich habe dich geschaffen,
damit du mir zeigst, was
ich besitzen will. Das ist
mein Wille. So geschehe es.

Ein kleines Geheimnis

- Eine weiße Schnur für Ehrlichkeit und Reinheit
- Eine grüne Schnur für Geld und Fruchtbarkeit
- Eine rote Schnur für Liebe und Leidenschaft
- Eine schwarze Schnur nimmt negative Energien auf.

Abrakadabra

Breiten Sie die Schnur auf einem Tisch aus und konzentrieren Sie sich auf Ihren größten Wunsch. Entspannen Sie sich und stellen Sie sich Ihr Leben vor, nachdem der Wunsch in Erfüllung gegangen ist. Binden Sie die neun Samen oder Blätter des entsprechenden Baumes in die Schnur ein, bis die „Wunschleiter“ fertig ist. Die Art der Knoten ist bei diesem Ritual nicht entscheidend. Vergewissern Sie sich, dass jeder Knoten fest ist.

Nehmen Sie die Schnur in die Hand und wiederholen Sie die magischen Worte neun Mal hintereinander. Wiederholen Sie die Zauberformel an neun aufeinanderfolgenden Tagen und bewahren Sie die Schnur an einem für Sie besonderen Ort auf. Wenn die Wunschleiter ihre magische Kraft behalten soll, sollte es ein heller Ort sein.

Ein Baum, ein Wunsch

Jeder Baum steht mit einem bestimmten Thema und einer bestimmten magischen Kraft in Verbindung, die mittels der jeweiligen Samen in die Wunschleiter aufgenommen werden können:

- **Birke:** Schutz, Fruchtbarkeit, Neuanfang
- **Mandelbaum:** Geld, Geschäfte
- **Haselnussstrauch:** Heirat, Versöhnung
- **Zeder:** Langlebigkeit
- **Eukalyptus:** Heilung
- **Feigenbaum:** Kraft, Fruchtbarkeit
- **Orangenbaum:** Liebe, Heirat
- **Olivenbaum:** Sicherheit, Treue
- **Pinienbaum:** Reinigung, Glück
- **Eiche:** jede Art von Wunsch

Der beste Zeitpunkt

Die Wunschleiter kann neun Wünsche aufnehmen. In der orientalischen Kultur symbolisiert die Zahl Neun gute Wünsche. In der Numerologie steht die Neun für Liebe, Optimismus und Intuition. Um die gesamte Kraft dieser Zahl zu nutzen, fertigen Sie Ihre Wunschleiter am besten am neunten Tag eines Monats um neun Uhr morgens (oder abends) an.

Die Vergangenheit ruhen lassen

Ein symbolisches Vergessenselixier

Zaubereien, die einen direkten und sichtbaren Bezug zur Gegenwart haben (wie z. B. die Wunschleiter), sind besonders effektiv. Ihr Einfluss wird Tag für Tag mächtiger und sie begleiten uns durch den Alltag. Der nächste Zauber besteht in der Herstellung eines kraftvollen Elixiers, mit dem Sie sich von Ihrer Vergangenheit lösen können. Stellen Sie es an einen Platz, an dem es für Sie gut sichtbar ist, damit seine magische Wirkung sich voll entfalten kann.

Magische Worte:

Wie das Wasser und das Öl,
so meine Vergangenheit und
meine Gegenwart, so meine
Vergangenheit und meine Zukunft,
entferne sie voneinander und lass
sie niemals sich vermischen.

Was Sie benötigen:

* eine verschließbare Glasflasche mit Schraubverschluss
* ein halber Liter Wasser
* ein halber Liter Öl
* Ihr Foto

Abrakadabra

Die unterschiedliche Dichte von Wasser und Öl bewirkt, dass sie sich nicht vermischen, sich abstoßen und stets ihre Grenzen wahren – ein Symbol für den Bruch mit unserer Vergangenheit.

Schütten Sie zuerst das Öl in die Glasflasche, als Sinnbild Ihrer Vergangenheit. Während Sie die magischen Worte sprechen, geben Sie das gereinigte Wasser darüber. Sie werden feststellen, dass beide Flüssigkeiten sich nicht vermischen. In den Schraubverschluss legen Sie ein möglichst kleines, aktuelles Foto von sich, zur Versinnbildlichung Ihrer Distanz zur Vergangenheit und Ihrer Nähe zu Reinheit und positiver Energie des Quellwassers, das Ihre Gegenwart und Zukunft repräsentiert.

Verschließen Sie die Flasche und bewahren Sie sie an einem gut sichtbaren Ort auf. Wann auch immer Sie Traurigkeit oder Kraftlosigkeit empfinden, beobachten Sie, wie das saubere Wasser Ihrer Zukunft von allem Negativen unberührt bleibt. Erfreuen Sie sich daran und schreiten Sie mutig auf Ihrem Weg voran.

Schutzengel, gib mir Kraft

Wie Sie mit Ihrer Lichtgestalt in Kontakt treten

Wenn wir mit dem Herzen in die Welt schauen, stellen wir fest, dass sie überall gegenwärtig sind: die Engel, die mit unendlicher Geduld und Hingabe über uns wachen und uns beschützen. Sie muntern uns auf, damit wir stark bleiben. Sie sind die Botschafter von Liebe, Freiheit, Frieden und Sicherheit. Das Wissen und das Verständnis dieser Lichtgestalten ist unendlich und sie stehen uns immer mit Rat und Tat zur Seite. Aber wie kann ich mit ihnen in Kontakt treten?

Was Sie benötigen:

* 2 Kerzenleuchter aus Metall
* eine blaue und eine braune Kerze
* Räucherstäbchen mit Halter
* eine kleine Engelsfigur
* eine Kristallvase
* Quellwasser
* echte Blumen
* Rosenöl

Abrakadabra

Um Ihren Schutzengel herbeizurufen, müssen Sie ihn zuerst zu sich nach Hause einladen. Sie müssen einen Willkommensbereich einrichten. Suchen Sie sich einen hellen, warmen, ruhigen Ort in Ihrem Haus, wo Sie eine Art Altar einrichten können. Stellen Sie die beiden Kerzenleuchter auf (einen auf jede Seite) und in ihre Mitte die Kristallvase mit dem Wasser und den frischen Blumen, die Engelsfigur und den Räucherstäbchenhalter. Streichen Sie die Kerzen mit dem Rosenöl ein und halten Sie sie mit Händen umfasst in Richtung Ihres Herzens. Schließen Sie die Augen und sprechen Sie aus tiefstem Herzen Ihren Wunsch nach Schutz aus. Um von den Engeln beschenkt zu werden, sollten Sie innere Ruhe erlangen, sich selbst schätzen und von Ernsthaftigkeit beseelt sein. Vergessen Sie nicht, dass jeder Engel seinen eigenen Aufgabenbereich hat, je nach Umstand und Zeitpunkt, zu dem wir ihm begegnen. Stecken Sie schließlich die Kerzen wieder auf die Kerzenleuchter und zünden Sie sie an, um Ihren Schutzengel willkommen zu heißen.

Die Farbe Ihres Engels

Die Kerzen für Ihren Altar sollten je nach Art des Wunsches oder des Anliegens bestimmte Farben haben:

- **Der Engel des Vertrauens:** Blau und Braun
- **Der Engel der Erneuerung:** Grün und Weiß
- **Der Engel der inneren Kraft:** Blau und Rot
- **Der Engel der Treue:** Weiß und Rosa
- **Der Engel der Güte:** Rot und Blau
- **Der Engel der Stille:** Weiß und Gelb
- **Der Engel der Hoffnung:** Gelb und Hellgrün
- **Der Engel der Zuversicht:** Gelb und Rot
- **Der Engel der Unbekümmertheit:** Gelb und Orange
- **Der Engel des Friedens:** Weiß und Blau
- **Der Engel der Leidenschaft:** Rot und Rosa
- **Der Engel des Wohlstands:** Grün und Blau
- **Der Engel des Triumphes:** Grün und Orange
- **Der Engel des Wissens:** Gelb und Grün
- **Der Engel der vollkommenen Zufriedenheit:** Hellgrün und Hellblau

Für bedeutsame Augenblicke

Das Leben stellt uns jeden Tag erneut auf die Probe. Manchmal benötigen wir zusätzlich Trost und Schutz. Dann können wir uns an die Erzengel wenden, die uns mit ihrer unerschöpflichen Kraft zur Seite stehen.

- **Michael:** Wird als einer der mächtigsten Engel angesehen und ist der gute Krieger des Lichts. Sein Name bedeutet „der, der wie Gott ist". Seine Aufgabe ist es, die Welt, in der wir uns befinden, zu beschützen und zu verteidigen. Er hilft uns in Momenten der Angst und Sorge und wenn wir Kraft brauchen, um unserem Leben eine radikale Wendung zu geben.
- **Gabriel:** Er hilft uns in Momenten des Zweifels und der Unsicherheit, in denen wir Licht, Sicherheit und Weisheit benötigen. Wir können ihn anrufen, wenn wir eine Nachricht erwarten, die unser Leben verändern kann.
- **Raphael:** Der Engel der Heilung hilft uns, unser Gleichgewicht wiederzuerlangen, sowohl physisch als auch psychisch.
- **Uriel:** Der Engel der Kraft und des Lichts hilft uns in Momenten von Kraftlosigkeit. Mit seiner Unterstützung können wir uns von Abhängigkeiten (Tabak, Alkohol) befreien. Er vertreibt schlechte Gefühle und negative Energie.
- **Anael:** Der Krieger der Liebe schützt das Leben als Paar. Er wacht über Harmonie, Freundschaft und Verständnis zwischen Liebenden.
- **Shakiel:** Dieser Engel bringt uns Energie, Licht und Weisheit in Momenten, in denen wir mit Unbekanntem konfrontiert werden.

Ein Haus voller positiver Schwingungen

Reinigende Essenzen

Leider werden wir hin und wieder von negativen Energien heimgesucht. Im Beruf, auf der Straße, in der Öffentlichkeit, sogar in unseren eigenen vier Wänden! Früher waren viele Hausfrauen wahre Experten, wenn es um die Befreiung des Haushalts von negativen Energien ging. Einfache Kräutermischungen mit geweihtem Wasser genügten, um den Haussegen und das Glück im Heim wiederherzustellen.

Abrakadabra

Mischen Sie die Öle behutsam, damit der Duft nicht zu intensiv wird (Sie wollen negative Energien vertreiben, keine Familienmitglieder!). Fügen Sie das Quellwasser hinzu, verrühren Sie die Mischung sorgfältig und geben Sie sie in eine Sprühflasche. Versprühen Sie die Mischung im ganzen Haus, insbesondere in den Ecken.

Schwarzer Turmalin

Ein Schutzschild

Nutzen Sie die magische Kraft der Steine und Kristalle. Wählen Sie einen schwarzen Turmalin und tragen Sie ihn auf der Höhe Ihres Herzens. So schützen Sie Ihre Aura vor den körperlichen Einflüssen durch andere. Dieser Stein hält negative Energien und Konflikte ab. Außerdem stärkt und entgiftet er den Körper.

Was Sie benötigen:

Duft zur Reinigung der Umgebung

* 6 Tropfen Zedernöl
* 6 Tropfen Minzöl
* 6 Tropfen Wacholderöl
* 250 ml Quellwasser

Duft zum Schutz vor negativen Schwingungen

* 6 Tropfen Rauten- oder Zypressenöl
* 6 Tropfen Eukalyptusöl
* 6 Tropfen Mandelöl
* 250 ml Quellwasser

Die heilende Kraft der Kristalle

Ein magisches Schutzamulett

Schon immer haben sich Menschen mit den verschiedensten Arten von geweihten Amuletten geschützt. Sie tragen sie immer bei sich, denn sie bringen Gesundheit und Glück. In seinem Werk *Naturalis Historiae* bezeichnet Plinius der Ältere das magische *amuletum* als *„einen Gegenstand, der einen Menschen in schwierigen Situationen beschützt"*. Tatsächlich gehören Amulette zu den ältesten Gegenständen der Menschheitsgeschichte und in den Museen befinden sich zahlreiche wunderschöne und einzigartige Exemplare aus Stein, Holz oder Kristallen. Wie wählt man das richtige Amulett für sich aus? Suchen Sie die Antwort auf diese Frage bei Ihrem Sternzeichen. Abhängig vom Geburtsdatum ist jedem von uns ein Stein oder Kristall zugeordnet. Wenn wir ihn stets bei uns tragen, z. B. als Ring, Armband oder Halskette, kann uns seine Energie begleiten und beschützen. Aber vorher ist es sehr wichtig, ihn mit den Vier Elementen von Mutter Natur aufzuladen.

Turmalin

Was Sie benötigen:

* ausgewählter Schutz-Edelstein, ggfs. eingearbeitet in ein kleines Schmuckstück (Ring, Armband, Ohrring)
* ein großes Stück Karton
* Quellwasser
* eine weiße Kerze
* etwas Lehm oder Erde von Ihrem Geburtsort

Wenn Sie einen Schutz-Edelstein besitzen …
sollten Sie einiges beachten, um Reinheit und Stärke seiner Energie zu erhalten:

- Er ist individuell und nicht übertragbar.
- Er sollte nie von jemand anderem berührt werden.
- Er sollte nicht mit Wasser in Berührung kommen. (Lassen Sie ihn nicht in die Badewanne fallen und nehmen Sie ihn nicht mit unter die Dusche!)
- Er sollte nicht auf den Boden fallen.

Fluorit

Apophyllit

Amazonit

Onyx

Lapislazuli

Rosenquarz

Abrakadabra

Zur Aufladung Ihres Steins mit den Vier Elementen zeichnen Sie ein Pentagramm (Stern mit fünf Spitzen) auf den Karton. Ziehen Sie einen großen Kreis um das Pentagramm durch jede der fünf Spitzen und legen Sie Ihren Stein in die Mitte. Geben Sie ein paar Tropfen Wasser auf Ihren Talisman und sagen Sie: *„Ich gebe dir die Kraft des Wassers.“* Nehmen Sie die weiße Kerze und stellen Sie auch sie in die Mitte des Pentagramms. Nehmen Sie dann den Edelstein, lassen Sie ihn drei Mal über der Kerze kreisen und sagen Sie: *„Ich gebe dir die Kraft des Feuers.“* Blasen Sie sanft über den Talisman und sagen Sie: *„Ich gebe dir die Kraft der Luft.“* Nehmen Sie etwas von der Erde, streuen Sie sie über den Talisman und sagen Sie: *„Ich gebe dir die Kraft der Erde.“* Reinigen Sie den Talisman nicht, sondern lassen Sie ihn über Nacht im Freien, sodass er die Kraft des Mondes aufnehmen kann. Auch am nächsten Tag sollte er am selben Ort verbleiben, damit er die Kraft der Sonne aufnehmen kann. Nun steht er Ihnen mit seiner beschützenden Kraft zur Verfügung.

Wählen Sie Ihren Schutz-Edelstein:

- **Wassermann** (21. Januar – 19. Februar):
  Blaue Edelsteine (blauer Achat, blauer Calcedon)
- **Fische** (20. Februar – 20. März):
  Sodalith, Lapislazuli
- **Widder** (21. März – 20. April):
  Rote Edelsteine (roter Jaspis), Hämatit
- **Stier** (21. April – 20. Mai):
  Gelbe Edelsteine (gelber Calcit, Bernstein), Pyrit, rosa Edelsteine (Rosenquarz, rosa Turmalin)
- **Zwillinge** (21. Mai – 21. Juni):
  Violette Edelsteine (Fluorit, Charoit, Amethyst)
- **Krebs** (22. Juni – 22. Juli):
  Grüne Edelsteine (Grünquarz, grüner Turmalin), weiße Edelsteine (Mondstein)
- **Löwe** (23. Juli – 23. August):
  Gelbe Edelsteine (gelber Calcit, Bernstein, Pyrit), orange Edelsteine (Karneol, oranger Selenit)
- **Jungfrau** (24. August – 23. September):
  Orange Edelsteine (oranger Calcit), mehrfarbige Edelsteine (Labradorit)
- **Waage** (24. September – 23. Oktober):
  Gelbe Edelsteine (gelber Calcit, Bernstein), Pyrit
- **Skorpion** (24. Oktober – 22. November):
  Dunkelrote Edelsteine (Almandin, Spessartin), transparente Kristalle (Bergkristall, Aquamarin)
- **Schütze** (23. November – 21. Dezember):
  Dunkelblaue Edelsteine (Azurit, Sodalith)
- **Steinbock** (22. Dezember – 20. Januar):
  Weiße Edelsteine (Mondstein), Bergkristall, schwarze Edelsteine (Onyx, schwarzer Turmalin)

Mondstein

Bernstein

Roter Jaspis

Gelber Calcit

Azurit

Raute und Brennnessel zum Schutz

Gegen Eifersucht und Neid

Einer Legende zufolge jagte eine Schlange ein Glühwürmchen über eine ganze Woche hinweg. Schließlich sagte das Glühwürmchen: *„Darf ich dich etwas fragen?“* Darauf antwortete die Schlange: *„Sprich, bevor ich dich verschlingen werde!“ „Gehöre ich denn zu deinen Grundnahrungsmitteln?“*, fragte das Glühwürmchen. *„Nein“*, antwortete die Schlange. *„Habe ich dir etwas getan?“ „Nein“*, sagte die Schlange erneut. *„Warum willst du mich dann töten?“ „Weil ich es nicht ertrage, dich leuchten zu sehen ...“*

Neid ist eines der negativsten Gefühle des Menschen. Seine zerstörerische Kraft ist uns bereits aus der Bibel bekannt, z. B. bei Kain und Abel. Der Neid eines anderen kann unseren Energiefluss stark beeinträchtigen, wenn wir uns nicht dagegen schützen.

Was Sie benötigen:

* 50 g Raute in Pulverform
* 50 g Brennnesselblüten
* ein Blatt Papier
* ein Bleistift
* 2 Glasflaschen (eine größere und eine kleinere)

Magische Worte:
Fröhlichkeit und Licht sollen mich immer begleiten und Neid und schlechte Gefühle verbannen.

Abrakadabra

Schutzamulette wurden schon immer und überall gegen das Böse eingesetzt. Bereits Ägypter, Griechen und Römer glaubten an deren mächtige Wirkung. In schweren Zeiten ist eben jede Hilfe willkommen. Die Liste dieser „Beschützer“ ist lang: das Tibetische Gau, der Orientalische Drache, der Hammer des Thor, das Horusauge ... und sie werden heute noch gerne benutzt. Neben den bekannten Amuletten und Talismanen gibt es auch weniger bekannte, die jedoch von gleicher mächtiger Wirkung sind. Es genügt oft, einige Zutaten zu mischen, um einen wirksamen Schutz zu erzielen.

Mischen Sie die Raute und die Brennnesselblüten in einem Mörser. Zerstoßen Sie das Ganze sorgfältig und geben Sie einen Teil davon in die größere Glasflasche. Schreiben Sie den Namen der betreffenden Person auf das Blatt Papier, vor deren Neid und Eifersucht Sie sich schützen wollen und geben Sie das Papier mit in die Flasche. Füllen Sie den Rest der Kräutermischung in die Flasche und verschließen Sie sie. Schütteln Sie die Flasche, während Sie die magischen Worte sprechen. Lassen Sie die Flasche drei Tage ruhen. Danach geben Sie etwas davon in die kleinere Flasche und tragen diese immer bei sich (oder verschenken Sie sie).

Ein kleines Geheimnis

Die Weinraute wird bei magischen Ritualen sehr häufig verwendet. Ihre Kraft gegen negative Schwingungen brachte ihr den Ruf ein, das Kraut mit der stärksten magischen Wirkung zu sein. Die Römer verzehrten die Raute, um sich gegen den Bösen Blick zu schützen, die Hexen im Mittelalter benutzten sie für Elixiere, mit denen sie in die Zukunft schauten. Noch immer wird sie bei kleinen Glücksritualen verwendet – z. B. werden Eheringe mit einem Aufguss aus Weinraute beträufelt. Angeblich ist ihre magische Wirkung besonders stark, wenn sie aus einem fremden Garten stammt. Bei Depressionen sollte Raute besser nicht angewendet werden. Sie können dadurch verstärkt werden.

Fruchtbarkeitsritual

Im Namen des Mondes

Schon lange versucht der Mensch mittels Zauber und Elixieren seine Fruchtbarkeit zu steigern. Ein eindrucksvolles Beispiel dafür ist die bekannte Venus von Willendorf, die wahrscheinlich vor mehr als 30 000 Jahren von den Bewohnern eines Gebietes im heutigen Österreich verehrt wurde. Mit ihren üppigen Rundungen diente sie als Amulett zur Steigerung der Fruchtbarkeit. Fruchtbarkeitsrituale wurden meist unter dem Einfluss des Mondes durchgeführt.

Was Sie benötigen:

* Quell- oder Regenwasser
* eine Glasschale
* 3 weiße Kerzen
* eine schwarze Kerze

Magische Worte:

Magischer, heller Mond,
segne mich mit einem Kind.

Ein kleines Geheimnis

Die Göttinnen der Fruchtbarkeit und der Liebe, die Ihnen bei diesem Zauber hilfreich sein können: Ostara, Ischtar, Astarte, Artemis, Kybele, Gaia, Hekate, Selene, Minerva, Athene, Aphrodite, Venus, Ma-Ku, Isis und Rheda. Auch folgende Götter können hierfür angerufen werden: Adonis, Odin, Osiris, Attis, Mitra und Cernunnos.

Abrakadabra

Dieses Ritual ist etwas aufwendig, da man es bei Nacht, an der frischen Luft und über die vier Mondphasen eines Monats hinweg durchführen muss. Stellen Sie die Glasschale mit Wasser eine Nacht vorher ins Freie, damit das Wasser die Kraft des Mondes aufnehmen kann.

Am nächsten Tag stellen Sie die Schale an einen stillen Ort, an dem Sie die Kraft des Mondes empfangen können. Dicht bewaldete Plätze sollten Sie meiden, da diese gegen die Kraft des Mondes abschirmen. Stellen Sie dort die Kerzen so auf, dass Sie sich in ihre Mitte setzen können. Die linke Kerze steht für den zunehmenden, die rechte Kerze für den abnehmenden Mond und die Kerze im Norden für den Vollmond. Die schwarze Kerze zeigt nach Süden und steht für den Neumond.

Das Ritual wird bei Neumond begonnen. Setzen Sie sich in die Mitte der aufgestellten Kerzen und entzünden Sie zunächst die schwarze Kerze, dann die für den zunehmenden, für den Vollmond und für den abnehmenden Mond. Nehmen Sie dann die Glasschale in beide Hände, halten Sie sie zum Mond und sprechen Sie die magischen Worte, während Sie sich das ersehnte Baby vorstellen. Führen Sie die Glasschale mit dem Mondwasser über die schwarze Kerze und bitten Sie den Mond um eine Schwangerschaft. Kehren Sie zur Mitte zurück, tauchen Sie Ihre Finger in das Mondwasser und reiben Sie mit ihnen liebevoll im Uhrzeigersinn über Ihren nackten Bauch. Die Druiden wendeten diese Massage zur Reinigung und zum Schutz der ungeborenen Kinder an.

Danach bleiben Sie einen Moment still sitzen und löschen die Kerzen in der Reihenfolge aus, in der Sie sie angezündet haben. Dann schütten Sie das Mondwasser auf die Wurzeln eines jungen Baumes. Das Ritual muss drei Nächte wiederholt werden, immer zu Beginn von jeder Mondphase. Je nach Mondphase muss die jeweilige Kerze als erste angezündet werden.

Der beste Zeitpunkt

In vorchristlicher Zeit wurde die Nacht des 21. Juni als geeigneter Zeitpunkt erachtet, um Fruchtbarkeitszauber durchzuführen. Die Kelten nannten diesen Zeitpunkt der Sommersonnenwende „Litha“. Man glaubte an eine besondere magische Kraft dieser Nacht, die alle Rituale in ihrer Wirkung verstärkten. Hexen und Zauberer sammelten ihre medizinischen Heilkräuter in dieser Nacht und sie entzündeten Lagerfeuer, um sich gegen böse Geister zu schützen.

Malen Sie Ihre Sehnsüchte

Ein entspannendes Mandala

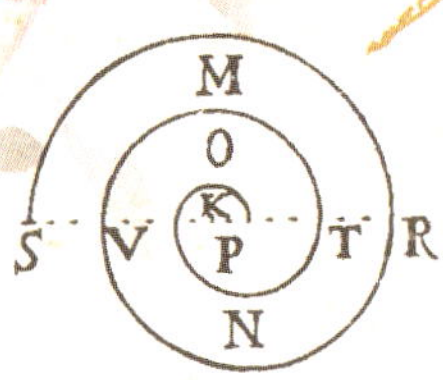

Der Legende zufolge begann Buddha sogleich nach seiner Geburt ohne Hilfe zu laufen. Zuerst ging er einige Schritte in Richtung Norden, dann in Richtung Osten, so auch nach Süden und nach Westen. Auf jedem seiner Schritte wuchs eine wunderschöne bunte Blume. Schließlich war ein herrliches Mandala entstanden, als Geschenk an die Menschheit. Mandalas gelten seither als heilend, um in einem Zustand von Ungleichgewicht den eigenen Lebensrhythmus wiederzufinden.

Abrakadabra

Im Folgenden geht es weniger um einen Zauber, als vielmehr um die Zeichnung eines Mandalas zur Entspannung des Geistes und Förderung der Konzentration. Vor dem Beginn ist es ratsam, dass Sie Ihre Gedanken auf etwas richten, das Ihnen wichtig ist (Familie, Partner, Beruf ...). Zeichnen Sie zunächst einen Kreis auf den Karton, den Sie von außen nach innen mit geometrischen Figuren und Farben füllen. Verwenden Sie beliebige Farben und konzentrieren Sie sich weniger auf Äußerlichkeiten als vielmehr auf den Anlass der Zeichnung. Konzentrieren Sie sich auf das, was Sie tun und lassen Sie das, was Sie beschäftigt, in die Zeichnung einfließen. Versuchen Sie nicht, zu schnell fertig zu sein. Lassen Sie das Bild in Ihren Gedanken heranreifen und nehmen Sie sich mehrere Tage dafür Zeit.

Was Sie benötigen:

* ein Bogen weißer Pappkarton (DIN-A3)
* ein Kompass
* Buntstifte
* ein Lineal mit verschiedenen geometrischen Formen

Die Bedeutung der Formen

Geometrische Figuren in Mandalas sind kein Zufall, sondern haben eine symbolische Bedeutung

- **Kreis:** Bewegung, das Absolute, das wahre Ich
- **Quadrat:** Prozesse der Natur, Stabilität, Gleichgewicht
- **Rechteck:** intellektuelle Leistung, irdisches Leben
- **Dreieck:** Unten: Wasser, Bewusstlosigkeit. Oben: Vitalität, Verwandlung. Mitte: Selbsthass
- **Fünfeck:** Umriss des menschlichen Körpers; Erde, Wasser, Feuer
- **Sechseck:** Vereinigung von Gegensätzen
- **Kreuz:** Vereinigung von Himmel und Erde; Leben und Tod; Bewusstes und Unbewusstes
- **Spirale:** Vitalität, heilende Energie
- **Herz:** Sonne, Liebe, Fröhlichkeit, Glück
- **Stern:** Symbol für Spiritualität, Freiheit, Erhebung
- **Schmetterling:** Selbsterneuerung, Verwandlung
- **Labyrinth:** auf der Suche nach der eigenen Mitte

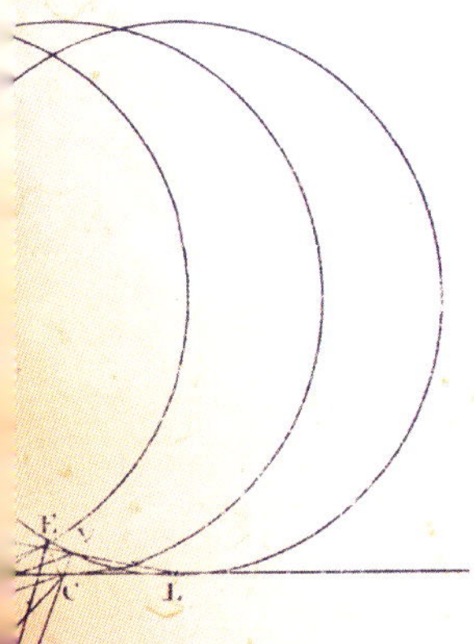

Die Botschaft der Farben

Die Farben Ihres persönlichen Mandalas spiegeln Ihre Stimmung wider:

- **Weiß:** Reinheit, Erleuchtung, Perfektion
- **Schwarz:** persönliche Beschränkung, Undurchsichtigkeit, Wiedergeburt
- **Rot:** Sinnlichkeit, Liebe, Leidenschaft
- **Blau:** Ruhe, Frieden, Glück, Zufriedenheit, Fröhlichkeit
- **Gelb:** Sonne, Licht, Heiterkeit, Sympathie, Aufgeschlossenheit
- **Grün:** Gleichgewicht, Wachstum, Hoffnung

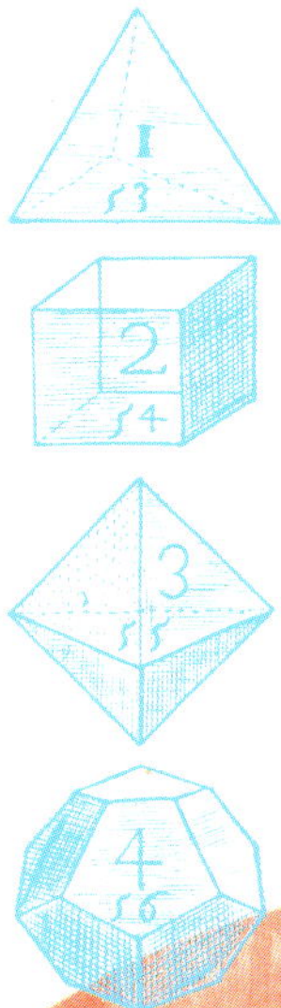

Zaubereien für Liebe, Freundschaft und andere Beziehungen

Wachstum Ihrer Liebe

Liebeszauber der Zigeuner

Wegen seiner Lebensweisen und Bräuche, aber vor allem wegen der magischen Künste des Wahrsagens war das Volk der Zigeuner immer ein faszinierendes Mysterium. Die ersten Zigeuner kamen vor Tausenden von Jahren aus dem alten Ägypten. Dort führten sie zahlreiche Rituale und esoterische Kulte durch, von denen einige heute noch bekannt sind. Beschwörungen, Wahrsagerei, Flüche, und Weiße Magie wurden von Generation zu Generation weitergegeben. Die Zigeuner-Zauberei besteht aus Ritualen, Zaubersprüchen und Elixieren, aber vor allem in der Anfertigung von Schutzamuletten und Talismanen.

Was Sie benötigen:

* eine Dahlienknolle
* ein neuer Blumentopf
* Blumenerde
* 3 Kerzen aus Bienenwachs
* ein weißes Blatt
* ein Kugelschreiber
* Quellwasser

Magische Worte:
Deine Wurzeln und deine Blätter mögen kraftvoll blühen, ebenso die Liebe, die ich mir wünsche. Ich beschwöre dich im Namen von Mutter Natur.

Abrakadabra

Die Zigeunermagie ist besonders wirksam bei Liebeszaubereien. Wenn Sie eine bestimmte Person auf sich aufmerksam machen wollen, schreiben Sie zuerst ihren Namen auf ein Blatt Papier. Konzentrieren Sie sich dabei nur auf die Person und stellen Sie sich vor, wie Sie mit ihr zusammen sind. Sie müssen sich nicht beeilen, suchen Sie sich einen ruhigen Moment dafür. Wickeln Sie die Dahlienknolle in das beschriebene Papier und lassen Sie sie drei Tage eingewickelt, damit der Wunsch einwirken kann. Zünden Sie jeden Tag eine Kerze aus Bienenwachs bei der eingewickelten Knolle an und lassen Sie die Kerze vollständig abbrennen. Am dritten Tag legen Sie das Papier, das mit dem Namen der geliebten Person beschrieben ist, sowie die Knolle in den Blumentopf und geben Sie die Blumenerde darüber. Stellen Sie den Blumentopf an einen warmen, sonnigen und gut belüfteten Ort, in Richtung des geliebten Menschen. Begießen Sie die Erde mit frischem Quellwasser und pflegen Sie die Pflanze, bis sie blüht. Flüstern Sie jedes Mal, wenn Sie sich ihr nähern, sanft die magischen Worte.

Die vier Gebote der Zigeuner

Die Zigeunermagie setzt auf die Einhaltung von vier Gesetzmäßigkeiten. Wenn nur eine davon nicht eingehalten wird, verliert diese Magie ihre Kraft:

- **Stärke des Wunsches:** Das wichtigste Gebot besagt: Je stärker der Wunsch, desto stärker die Wirkung des Zaubers.
- **Konzentration:** Es ist wichtig, sich stets den Anlass Ihres Wunsches vor Augen zu halten.
- **Geduld:** Die Zigeunermagie vollbringt keine Wunder. Man muss viel Geduld haben und lernen, auf die Früchte der Samen zu warten, die man gesät hat.
- **Geheimnis:** Sprechen Sie mit niemandem über Ihre Wünsche. Halten Sie sie geheim, wenn sie die Kraft des Zaubers aufrechterhalten wollen.

Ein kleines Geheimnis

Die Dahlie ist die Nationalblume Mexikos. Schon die Azteken haben sie kultiviert und nannten sie „*xicamiti*". Sie steht für Zärtlichkeit und Liebe.

Verlieben Sie sich

Ritual der sieben Schlüssel

Es gibt nichts Magischeres als sich zu verlieben. Manchmal verliert sich dieses süße und wunderbare Gefühl jedoch. Wenn es nicht mehr da ist, empfinden wir einen Schmerz. Die Fesseln der Liebe sind ein uralter Zauber.

Früher wandten sich Frauen und Männer an die Zauberei, um dem Schicksal die Stirn zu bieten oder eine verlorene Liebe wiederzuerlangen. Mächtigen Zauberern war es möglich, die Gefühle einer entfernten Person zu beeinflussen. Deshalb waren sie sowohl sehr gefragt als auch gefürchtet. Die Menschen kamen von überall her, um von dieser Fähigkeit zu profitieren. Um der Liebe willen baten sie ihnen viel Geld und außergewöhnliche Dienste an.

Die Fesseln der Liebe sind eine sehr heikle magische Praktik. Die dafür notwendigen Zauberformeln beeinflussen den Willen der Menschen. Deshalb sollte man vorsichtig sein und die Konsequenzen genau abwägen. Es ist wichtig, dass Sie von Ihren Absichten und der Wirksamkeit des Zaubers überzeugt sind. Haben Sie Geduld und seien Sie nicht allzu enttäuscht, wenn der gewünschte Effekt zunächst ausbleibt.

Was Sie benötigen:

* eine gewaschene Zitrone
* Quellwasser
* grobes Salz
* 7 silberne Nägel
* 7 lila oder braune Bänder, abhängig vom Objekt der Begierde

Magische Worte:

Indem ich diese reinigende Zitrone berühre, möge die magische Kraft das Herz von „Name der Person“ berühren. Besiegle meine Liebe, besiegle seine/ihre Liebe, mit diesem kraftvollen Zauber.

Wenden Sie sich an …
Xochipilli, *junger aztekischer Gott der Liebe, dessen Name „Prinz der Blumen“ bedeutet. Im Britischen Museum in London kann man ihn als sitzende Skulptur bewundern.*

Abrakadabra

Dieses alte Ritual gründet auf der magischen Kraft der reinigenden Zitrone. In Zauberritualen wird sie wegen ihrer Kraft gegen negative Schwingungen geschätzt. Sie löst Spannungen und belebt den Organismus.

Um die Zitrone zu reinigen, legen Sie sie in Salzwasser und lassen sie über Nacht dort liegen. Am nächsten Tag stellen Sie sie in einer Schale nach draußen in die Sonne. Dann nehmen Sie die Zitrone und drücken die Nägel hinein, sodass eine Herzform entsteht. Stellen Sie sich Ihre geliebte Person vor. Spüren Sie sie ganz nah an Ihrem Herzen und seien Sie bereit für eine neue gemeinsame Zeit. Befestigen Sie jedes der sieben Bänder an einem Nagel. Machen Sie einfache, aber sichere Knoten, damit eine feste Bindung entsteht. Nun sprechen Sie die Zauberformel. Wiederholen Sie die magischen Worte sieben Mal am Tag und an sieben aufeinanderfolgenden Tagen.

Der beste Zeitpunkt
14. Februar, Valentinstag

Auf der Suche nach der „besseren Hälfte“

Der magische Einfluss von Achaia

Je höher man fliegt, desto tiefer fällt man manchmal zu Boden. Man hat eine Vorstellung oder Sehnsucht – in der Liebe, im Beruf –, doch das Glück bleibt fern. Wenn man so sehr damit beschäftigt ist, das Unerreichbare erreichen zu wollen, vergisst man schnell, wie schön das Leben sein kann. Das erinnert an den Mythos des Sisyphos. Der griechische König von Ephyra war auf ewig dazu verdammt, einen Felsblock einen steilen Hang hinaufzurollen. Kurz bevor er oben angekommen war, entglitt ihm der Fels jedoch und er musste wieder von vorne beginnen. Ähnlich mühsam erscheint uns manchmal die Suche nach unserer „besseren Hälfte“. Wir sehnen uns nach einer Person, mit der wir das Leben teilen können. Schon immer war die Menschheit bemüht, sich diese Suche zu erleichtern, auch mithilfe der Magie. Viele Rituale sind uns durch die Achäer überliefert. Ihr Vermächtnis an Zauberformeln ist vielfältig und kann uns bis heute bei der Erfüllung unserer Wünsche unterstützen. Einige Zauber sind zu umfangreich, um sie hier vollständig aufzuführen. Jedoch gibt es auch einfache Zauberformeln, deren Wirksamkeit wir ohne größeren Aufwand ausprobieren können.

Was Sie benötigen:

* eine rote Kerze
* ein kleiner Körner
* ein Teelöffel
* Zedernöl
* ein kleiner Kochtopf
* eine Orange
* Honig und Zucker
* 3 Pfefferkörner (grün, schwarz und rot)
* ein kleines Stück rosa Seidenpapier
* ein Stück roten Stoff
* ein wasserfester roter Filzstift
* etwas Speichel
* ein persönliches Kleidungsstück

Magische Worte:

Mit diesem Zauber rufe ich euch, Kräfte der Liebe. Damit mein Geliebter zurückkehrt und sich zu mir bekennt. Zusammen bilden wir erneut eine Einheit.

Wenden Sie sich an …
***Zeus**, König der Götter des Olymp und Herr des Himmels, Wolkensammler und Blitzewerfer. Richtet seinen Zorn gegen die Eitelkeit des Menschen und verhilft jedem, seine bessere Hälfte zu finden.*

Abrakadabra

Ritzen Sie beim Docht beginnend vorsichtig Ihren Namen in die Kerze. Reinigen Sie die Kerze mit Zedernöl und ritzen Sie Ihre Initialen und Ihr Geburtsdatum unten in die Kerze. Halbieren Sie die Orange und höhlen Sie eine der Hälften aus. Geben Sie Honig und Zucker hinein. Schreiben Sie Ihren Wunsch („die bessere Hälfte finden") auf das rosa Papier, befeuchten Sie es mit Speichel und legen Sie es in die Orangenhälfte. Entzünden Sie die rote Kerze und schütten Sie ihr Wachs auf das Papier, bis es vollständig damit bedeckt ist. Binden Sie beide Orangenhälften mit dem roten Stoff fest zusammen. Legen Sie die Orange in den Kochtopf und bedecken Sie sie vollständig mit Wachs. Der magische Pakt ist nun besiegelt. Warten Sie, bis sich die Kerze komplett aufgelöst hat. Bedecken Sie den Topf mit einem persönlichen Kleidungsstück und stellen Sie ihn sieben Tage unter Ihr Bett. Dann vergraben Sie alles unter einem Baum in Richtung Süden. Haben Sie Geduld und Sie werden sehen, wie schnell Ihre ersehnte zweite Hälfte in Ihr Leben treten wird.

Haben Sie sie gefunden?

Nach Aristoteles waren die Menschen am Anfang der Zeit vollkommen. Die menschlichen Wesen waren kreisförmig mit zwei gegensätzlichen Gesichtern an einem Kopf, vier Arme und vier Beine. Es gab drei Kombinationen: Mann + Mann, Frau + Frau und Mann + Frau. Doch dann verfielen die Menschen der Eitelkeit, was die Götter gegen sie aufbrachte. Zur Strafe spaltete Zeus die Menschen mit einem Blitz in der Mitte. Seitdem sind die Menschen auf der Suche nach ihrer zweiten Hälfte, um sich mit ihr zu vereinen und vollkommen zu fühlen.

Vertreiben Sie negative Schwingungen

Wasser und Raute gegen negative Energien

Wussten Sie, dass die großen Schlachten der Geschichte unter dem schützenden Einfluss der Magie standen? Die Römer betraten das Schlachtfeld nie, ohne zuvor die Auguren befragt zu haben. Nur sie konnten die Bedeutung der Zeichen der Götter interpretieren. Vor einer Schlacht beobachteten sie beispielsweise den Flug eines Adlers. Aufgrund seiner Bewegungen entschieden sie, ob es sich um ein gutes oder schlechtes Omen handelt. Das *auspicium sinistrum* (schlechtes Omen) bedeutete, dass die Pläne und Vorhaben verschoben werden mussten.

Die Aufgabe der Weißen Magie ist es, Gutes zu bewirken. Sie baut in schwierigen Situationen auf Verständnis, Schutz und Verteidigung statt auf Angriff. Dies gilt auch für den im Folgenden erläuterten Aufguss aus schützender Raute.

Was Sie benötigen:

* 2 Stoffbänder (je 50 cm lang)
* Zitronenöl
* 2 Kochtöpfe
* Streichhölzer
* 50 g Raute
* Quellwasser

Magische Worte:

Feuer, halte fern die negativen Energien und bringe mit deinen Flammen die Wärme zurück in diese Beziehung. Vertreibe alles Böse, damit aus deiner Asche die Liebe wiederauflebe.

Abrakadabra

Bringen Sie einen Liter Quellwasser zum Kochen und geben Sie die Raute hinzu, schalten Sie nach fünf Minuten die Herdplatte aus. Lassen Sie den Aufguss 10 Minuten einwirken und ruhen. Tränken Sie die Stoffbänder mit Zitronenöl, um sie zu reinigen und die negativen Energien zu vertreiben. Die Bänder stehen für die beiden streitenden Personen. Binden Sie die Bänder zusammen und legen Sie sie in den anderen Topf. Entzünden Sie zwei Streichhölzer und verbrennen Sie die Stoffbänder. Sprechen Sie die magischen Worte und denken Sie an die Ursache für die Auseinandersetzung. Löschen Sie die Flammen, indem Sie drei Viertel des Aufgusses darübergießen. Behalten Sie eine Tasse zurück, um negative Schwingungen in Ihnen selbst zu vertreiben. Schütten Sie den Inhalt des Topfes in einen Fluss. Die schlechten Zeiten werden vergehen und nie wieder wird etwas zwischen Ihnen beiden stehen.

Ein kleines Geheimnis

Raute, die man in der Nacht vom 23. Juni (Johannisfest) sammelt, besitzt außergewöhnliche magische Kräfte.

Öle voller Duft und Kraft

Es gibt sehr viele Rituale, bei denen man Öle, Düfte, Tinkturen und Balsam verwendet. Ihre Wirkung entfaltet sich durch das Element Luft.

- **Basilikum:** Zieht positive Energien an, für Rituale in Verbindung mit Glück und Geld.
- **Schwarzer Pfeffer:** Ätherisches Öl für Schutz und Wertschätzung.
- **Kardamom:** Anwendung in der Weißen Magie, um Bindungen entstehen zu lassen.
- **Zypresse:** Zur Reinigung und Beseitigung von negativen Energien.
- **Lavendel:** Für häusliche Reinigungsrituale und Schutzamulette.
- **Rose:** Für Liebeselixiere und zur Wiederherstellung von zerrütteten Liebesbeziehungen.

Neues Spiel, neues Glück

Ein stärkendes Bad für den Neuanfang

Schon immer spielten die Sinne eine große Rolle, wenn es darum ging, die Wirkung von Zauberformeln zu verstärken. Die Formeln der weisen Alchemisten mit ihrer außergewöhnlichen Macht sind bis heute erhalten geblieben. Die Weiße Magie hat nichts von ihren übernatürlichen Kräften und ihrer großen Faszination auf die Menschen eingebüßt. Königinnen, Ritter und andere Herrscher fürchteten die Anwesenheit eines Magiers, der ihre Zukunft voraussagen konnte. Sorge, Sehnsucht und Hoffnung können den positiven Einfluss eines Zaubers jedoch blockieren. Deshalb sollte man sich vor einem Ritual tiefgehend entspannen. Hierfür verwendet man Salben, Elixiere, Salze, Kerzen, Räucherstäbchen, Öle und Düfte aus Kräutern, Früchten, Rinden und Harzen. Ihre kraftvollen Substanzen entspannen die Sinne und führen zu neuem Bewusstsein.

Das magische Reinigungsbad war auch in der Antike weit verbreitet. Für die Pharaonen Ägyptens wurden die Badezusätze von einem weisen Priester geheim zusammengestellt: Duftwasser mit Safran, Zimt, Myrrhe, Raute und frischen duftenden Blumen. Ein Bad aus natürlichen Zutaten vertreibt nicht nur negative Gefühle, sondern verleiht auch positive Energie nach einem anstrengenden Tag.

Was Sie benötigen:

* 50 g Lavendel
* 50 g Raute
* 50 g Rosmarin
* 20 g Beifuß
* eine halbe Tasse Mandelöl
* Salz
* 5 weiße Kerzen

Magische Worte:

Feuer und Wasser,
ich bitte um eure Hilfe.
Beschützt meinen Körper
und säubert meinen Geist.
Feuer und Wasser,
formt und reinigt mein Wesen.

Ein kleines Geheimnis

Artemis ist die jungfräuliche Göttin der Geburt und Fruchtbarkeit. Im antiken Griechenland opferten ihr junge, heiratswillige Frauen Spielzeug, Puppen und Haarbüschel für eine fruchtbare Zukunft.

Abrakadabra

Mit diesem Bad können Sie Ihren Organismus von negativer Energie reinigen. Manchmal haben wir einen schlechten Tag und es scheint so, als hätte sich die ganze Welt gegen uns verschworen. Dann sollte man abschalten und sich ein Reinigungsbad gönnen, um die Aura von negativen Energien zu befreien.

Füllen Sie einen großen Kochtopf mit Wasser und geben Sie die Kräuter sowie eine gute Handvoll Salz hinein. Lassen Sie die Mischung 10 Minuten kochen und nehmen Sie sie vom Herd. Zünden Sie die weißen Kerzen an und stellen Sie sie an den Badewannenrand. Füllen Sie die Badewanne mit warmem Wasser, filtern Sie den Aufguss und fügen Sie ihn dem Badewasser hinzu. Bevor Sie ins Wasser steigen, geben Sie das Mandelöl dazu. Setzen Sie sich bequem hin, schließen Sie die Augen und atmen Sie tief ein und aus. Stellen Sie sich eine klare Strömung vor, die Ihre negativen Energien und schlechten Gedanken davonträgt. Atmen Sie die Dämpfe der Kräuter ein. Wenn Sie völlig entspannt sind, sprechen Sie mehrmals leise die magischen Worte. Bleiben Sie 20–30 Minuten in der Badewanne und lassen Sie danach Ihre Haut trocknen, ohne ein Handtuch zu benutzen. Nun ziehen Sie bequeme weiße Kleidung an. Sie werden sehen, wie sich Ihre Stimmung verbessert.

Circe, bring mir Freundschaft

Die Kraft des magischen Kreises

Circe, die Tochter von Helios und Perse, galt in der griechischen Mythologie als mächtige Zauberin. Die Odyssee berichtet, dass sie auf einer Lichtung im Wald lebte und ihr Haus von verzauberten Wölfen und Löwen beschützt wurde: *„Sie war wie die Asche von Rosen, süß und zart, und umschlungen von Lavendel."* Mit ihrer Zauberkraft konnte sie auf den Willen von Personen Einfluss nehmen. Früher bat man sie bei der Versöhnung mit alten Freunden um Hilfe. Auf sie geht der magische Kreis zurück, den Hexen und Zauberer im Mittelalter und in der Renaissance häufig verwendeten.

Was Sie benötigen:

* Quellwasser
* eine Handvoll Salz
* 4 Kerzen (grün, rot, gelb und blau)
* 4 weiße Rosen
* eine Metallschüssel
* ein Bund Lavendelblüten
* Zedernöl

Ein kleines Geheimnis

Die Zeder wurde wegen ihrer Kraft, positive Energien herbeizuführen, schon immer geschätzt.

Abrakadabra

Für dieses Ritual zeichnen Sie einen magischen Kreis auf den Boden. Er muss groß genug sein, damit Sie sich hineinsetzen können. Legen Sie die Blüten der vier Rosen und die Lavendelblüten in eine Metallschüssel. Fügen Sie das Zedernöl hinzu und zünden Sie die Mischung an. Lassen Sie alles verbrennen und heben Sie die Asche auf. Mischen Sie Wasser und Salz, tauchen Sie die Fingerspitzen hinein und zeichnen Sie einen ersten Kreis, der für die Elemente Erde und Wasser steht. Dann nehmen Sie die Asche und zeichnen einen zweiten Kreis, der für das Feuer steht. Die Zeichnung muss im Uhrzeigersinn innerhalb des Kreises erfolgen. Zeichnen Sie einen dritten Kreis, der für das Element Luft steht. Entzünden Sie nun die Kerzen: eine grüne für den Norden, eine rote für den Süden, eine gelbe für den Osten und eine blaue für den Westen.

Es ist wichtig, dass Sie während des Rituals den Kreis nicht verlassen. Sprechen Sie nun die magischen Worte zu Ehren der Zauberin Circe. Rufen Sie sich das Gesicht der Person, deren Freundschaft Sie wiedererlangen möchten, genau in Erinnerung. Auch wenn Sie fertig sind, bleiben Sie noch im Kreis und fahren Sie die Linien der Kreise erneut mit den Fingerspitzen nach, diesmal gegen den Uhrzeigersinn. Danach können Sie den Kreis wieder verlassen. Denken Sie abschließend noch einmal an die negativen Dinge, die Ihre Freundschaft belastet haben.

Magische Worte:
Circe, Herrin der Wälder,
der Tiere und des Willens,
bringe mir alles, was fern ist,
lass fern, was ich nicht haben
will in meiner Nähe.

Magie um Mitternacht

Amulett zur Luststeigerung

Die alten Zauberer verbrachten viel Zeit mit der Herstellung von Mixturen, Amuletten und Liebestränken. In der Alchemie wurden aphrodisierende, narkotisierende oder halluzinierende Tränke hergestellt. Im Mittelalter und in der Renaissance waren diese „Liebesdrogen" sehr begehrt und hoch bezahlt. Manchmal hat der Mangel an Lust und Leidenschaft emotionale Gründe oder ist stressbedingt und hat nichts damit zu tun, dass es uns an Attraktivität fehlt. Auch in einer festen Beziehung kann dieser Mangel zu einem ernsthaften Problem werden. Wenn Sie das sexuelle Verlangen in Ihrem Partner wirksam erwecken möchten, ist dieses Ritual genau das Richtige.

Was Sie benötigen:

* ein Beutelchen aus rotem Stoff
* eine Handvoll Pfefferkörner
* ein Lorbeerblatt
* ein Stück Watte, eingetaucht in das Parfüm von jedem Partner

Wenden Sie sich an ...

***Astarte**, Tochter des Sin, Göttin der Phönizier, steht für die Verehrung der Natur, des Lebens und der Fruchtbarkeit, ebenso für Liebe und Leidenschaft. Sie ist üblicherweise nackt dargestellt. Ihr Planet ist die Venus.*

Abrakadabra

Früher glaubte man, dass Magie im Schlaf eine stärkere Wirkung hätte. Deshalb wurden viele Amulette unter die Matratze gelegt oder ins Kopfkissen eingenäht.

Zur Herstellung Ihres Amuletts füllen Sie einen Stoffbeutel mit Pfefferkörnern und einem feingehackten Lorbeerblatt. Versiegeln Sie den Beutel, indem Sie das Parfüm von Ihnen und Ihrem Partner auf ein Stück Watte geben. Legen Sie den geschlossenen Stoffbeutel für eine Nacht bei Vollmond auf die Fensterbank. Stecken Sie das Amulett nun in den Kissenbezug oder unter die Matratze der Person, die Sie „becircen" wollen. Haben Sie Geduld, denn diese Amulette haben eine sehr langsame Wirkung.

Ein kleines Geheimnis

Früher vertrauten sich liebeskranke Kammermädchen kleinen Stoffpuppen an, die mit trockenen Brennnesselblättern gefüllt waren. Sie glaubten, wenn sie die Puppen unters Kopfkissen legten, könnten sie damit ihren Traummann zu sich ins Schlafzimmer locken.

Unermüdliche Liebhaber

Zur Steigerung der Wirkung von Liebeszaubern verwendet man häufig die folgenden Pflanzen:

- Majoran
- Brennnessel (Kraut der Wollust)
- Basilikum
- Safran
- Baldrian
- Stiefmütterchen (Liebestrank der Feen)
- Mistel
- Hopfen

Bitten Sie um den Apfel der Liebe

Der saftige Talisman der Venus

Die heilige Frucht des Baumes der Venus taucht in der Mythologie vieler Völker auf. Es ist die Geschichte von Atalante und den goldenen Äpfeln. Atalante wollte sich nicht vermählen lassen und stellte ihrem Vater eine Bedingung. Ihr zukünftiger Mann müsse sie in einem Wettlauf besiegen. Viele der Anwärter scheiterten, bis der junge Hippomenes die Göttin Aphrodite um Hilfe bat. Diese gab ihm drei goldene Äpfel, die er während des Wettlaufs fallen lassen sollte. Atalante bückte sich, um die Äpfel aufzuheben und so gewann Hippomenes den Wettlauf. Ein weiterer Mythos erzählt vom Zorn der Göttin Eris, die nicht zu Peleus' und Thetis' Hochzeit eingeladen wurde. Sie erschien dennoch und ließ dort den bekannten „Apfel der Zwietracht" fallen, der später den Trojanischen Krieg auslöste. Der Apfel wurde stets verwendet, um die Gefühle und den Willen der Sterblichen zu beeinflussen (man denke an die Ereignisse im Paradies). Dies ist auch bei einigen Liebes- und Verführungszaubereien der Fall.

Was Sie benötigen:

* ein großer roter Apfel
* zwei kleine Bögen Papier
* ein Kugelschreiber mit grüner Tinte
* ein Blatt rotes Seidenpapier
* ein spitzes Messer

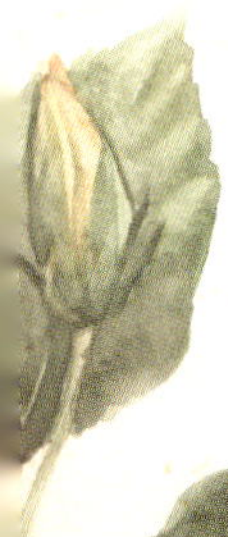

Wenden Sie sich an ...

***Venus**, römische Göttin der Liebe, der Schönheit, der Leidenschaft und der Fruchtbarkeit. Tochter von Jupiter und Dione, Ehefrau von Vulcanus und Geliebte von Mars. Geheiligt im Monat April.*

Abrakadabra

Dieser Liebestalisman muss an einem Freitag bei zunehmendem Mond hergestellt werden. Trennen Sie das Kerngehäuse des Apfels heraus, ohne den Apfel zu zerschneiden. Schreiben Sie Ihren vollständigen Namen auf einen der Papierbogen, den Namen Ihres Angebeteten auf das andere Papier. Falten Sie die Papiere so, dass sie ineinander liegen und stecken Sie sie ins Innere des Apfels. Verschließen Sie den Apfel nun wieder mit dem herausgetrennten Kerngehäuse und lassen Sie ihn zwei Wochen an der Sonne trocknen. Nach dieser Zeit wickeln Sie ihn in das Seidenpapier ein und legen Sie ihn in Ihr Schlafzimmer, in die Nähe des Bettes. Die Frucht der Venus wird in Ihrem Angebeteten die Liebe zu Ihnen entfachen.

Der beste Zeitpunkt

Die Kelten begingen Fruchtbarkeits- und Liebesrituale stets am 1. August. Dieses Fest nannte man „Lammas“, es war dem Sonnengott Lugh gewidmet. An diesem Tag wurden auch Rituale und Opfer zu Ehren der üppigen Natur durchgeführt.

Aussaat der Liebe Ihres Lebens

Verzauberte Samen

Wir bleiben bei der magischen Kraft des Apfels, die vor allem bei Ritualen für Liebe und Partnerschaft besonders wirkungsvoll ist. Jetzt verwenden wir allerdings nicht den Apfel selbst, sondern seine Samen. Dadurch soll die Liebe in einer Person „aufkeimen". Dafür müssen wir seine wahre, grenzenlose Liebe „säen". Dieses Ritual führt man während der Wintersonnenwende durch – ein magischer Zeitpunkt, an dem wir der Erde die Samen darbringen, um später ihre Früchte geschenkt zu bekommen.

Was Sie benötigen:

* ein roter Apfel
* eine rosa Rose
* ein Rosenquarz
* eine rote Kerze
* eine grüne Kerze
* eine Duftöllampe
* etwas Rosenöl
* eine Schaufel, Erde und Quellwasser

Magische Worte:

Fruchtbares Feuer des Julfestes, verbreite deine Energie übers Land. Und lass den Samen Früchte tragen, den ich dort säe.

Abrakadabra

Beginnen Sie das Ritual, indem Sie Ihr Haus von negativen Energien befreien. Wenn Sie das gründlich tun wollen, können Sie Salz auf den Boden streuen, damit die negativen Schwingungen davon aufgenommen werden. Sie können auch ein Reinigungsbad nehmen, um Ihre Sinne zu entspannen und ihre Konzentration zu verbessern. Danach kleiden Sie sich mit weißem Naturstoff. Entzünden Sie das Rosenöl und zwei Kerzen. Nehmen Sie den Rosenquarz in Ihre Hände, schauen Sie auf die Kerzen und sprechen Sie die magischen Worte. Essen Sie den Apfel (mit Schale) und heben Sie die Kerne auf.

Lassen Sie die Kerzen weiterhin brennen und warten Sie auf die Nacht. Gegen Mitternacht legen Sie die Rose, die Kerne und den Rosenquarz nach draußen ins direkte Mondlicht. Am nächsten Tag legen Sie die Kerne in den Blumentopf mit Blumenerde und begießen sie diese mit Quellwasser. Sobald die ersten Keime sprießen, kümmern Sie sich gut darum, denn es wächst dort die Liebe Ihres Lebens. Wenn die Rose verwelkt, werden Ihre Blüten ebenfalls in die Blumenerde gelegt. Sie dienen dem zarten Baum der Liebe als Dünger.

Ein kleines Geheimnis

Die heidnischen Völker feierten pünktlich jedes Jahr das Julfest, was zeitlich mit der Wintersonnenwende zusammenfällt. Die Römer feierten ebenfalls „*Natalis Solis Invicti*“, die Geburt der unbesiegten Sonne. Mit dem Aufkommen des Christentums verschwand dieses heidnische Fest.

Ein Schluck Leidenschaft

Ein magischer Liebestrank

Zaubertränke können den Willen einer Person beeinflussen, wie man bei der Legende von Tristan und Isolde sehen kann. Tristan fuhr nach Irland, um für seinen Onkel, den König Marke von Kurnewale um die Hand der schönen Isolde anzuhalten. Auf der Rückreise tranken die beiden versehentlich einen magischen Trank, der von Brengaine für Isolde und Marke zubereitet worden war. Tristan und Isolde verliebten sich unsterblich ineinander und trotz allem heiratete Isolde König Marke. Ihre Gefühle für Tristan blieben so stark wie zuvor und die beiden flohen. Der König verfolgte sie und nahm sie gefangen. Um Isolde zu vergessen, heiratete Tristan eine andere Frau, aber er wurde krank und in seiner Todesangst ließ er Isolde kommen. Tristan starb und auch Isoldes Herz zerbrach vor Schmerz. Die beiden wurden zusammen begraben und auf ihren Gräbern wuchsen zwei ineinander verschlungene Rosen. Elixiere und Liebestränke sind Gegenstand vieler leidenschaftlicher dramatischer Legenden. Magische Tränke dieser Art herzustellen ist nicht schwer. Es bedarf jedoch Geduld, denn sie wirken nur langsam. Deshalb ist es ratsam, sie in Verbindung mit anderen Zaubereien anzuwenden.

Was Sie benötigen:

* eine Handvoll frische Minzblätter
* eine Handvoll Orangenblüten
* 5 oder 6 Gewürznelken
* eine Prise Zimt
* 2 Teelöffel Orangenblütenhonig
* Quellwasser

Magische Worte:

Kräfte der Liebe leuchtet mir den Weg, damit das Wesen, das ich liebe, mir wohlgesinnt sein mag.

Abrakadabra

Zur Herstellung dieses Liebeselixiers verwenden Sie frisches Quellwasser. Mischen Sie in einer Holzschüssel die Minze, die Orangenblüten und die Gewürznelken. Bereiten Sie mit kochendem Wasser und den Kräutern einen Aufguss. Lassen Sie ihn etwas abkühlen und servieren Sie ihn mit Zimt und Honig. Der Aufguss gewinnt an Kraft, wenn Sie ihn für eine Nacht im Licht des Vollmonds draußen stehen lassen. Sie können diesen Aufguss so oft zubereiten wie Sie wollen und ihn in einer verschließbaren Glasflasche aufbewahren. Ein Bad mit den gleichen Zutaten (außer Honig) hat denselben Effekt. Entspannen Sie Ihre Sinne und schon sind Sie bereit für die Liebe.

Ein kleines Geheimnis

Wenn Sie nicht wissen, wo Sie die Liebeskräuter finden, können Sie auf ätherische Öle zurückgreifen. Sie haben den gleichen Effekt und sorgen für eine gemütliche Atmosphäre. Für jede Art von Zauber gibt es ein zugehöriges ätherisches Öl:

- **Liebe:** Gewürznelke, Gardenie, Rose, Jasmin und Lilie
- **Versöhnung:** Rose und Vanille
- **Heilung:** Eukalyptus und Myrrhe
- **Sexuelle Anziehung:** Zimt, Kokos und Moschus
- **Glück:** Mandel und Minze
- **Reinigung:** Zeder und Rosmarin
- **Beruf:** Nelke und Eiche
- **Frau verführen:** Lorbeer
- **Mann verführen:** Ingwer
- **Schutz:** Raute

Der magische Duft

Ein zauberhaftes Parfüm

Ein Duft ruft meist ein Gefühl in uns wach, was die Magie schon immer genutzt hat. Düfte bewirken zwar keinen Zauber, jedoch machen sie ihn effektiv. Mit bestimmten aromatischen Essenzen lassen sich Schwingungen verändern und die Umgebung sowie die Aura einer Person von negativen Einflüssen reinigen.

Abrakadabra

Um einen dieser Düfte herzustellen, mischen Sie die Öle in einem kleinen Tropffläschchen aus dunklem Glas. Laden Sie das Parfüm eine ganze Nacht bei Vollmond draußen auf. Jedes Parfüm ist einzigartig und nicht übertragbar. Seine Wirkung ist nur für die Person spürbar, die es hergestellt hat.

Was Sie benötigen:

Zur Anziehung einer bestimmten Person

* 6 Tropfen Rosenöl
* 6 Tropfen Vanilleöl
* 6 Tropfen Jasminöl

Zur Anziehung von Geld

* 6 Tropfen Haselnussöl
* 6 Tropfen Basilikumöl

Ein kleines Geheimnis

Wenn Sie einige Tropfen des magischen Duftes auf Ihre Kleidung geben, hält der Zauber sehr viel länger an. Auch im Kleiderschrank kann sich die Magie auf andere Kleidungsstücke übertragen.

Das Schlüsselamulett

Ein Duft zum Verzaubern

Jeder von uns hat alte Schlüssel zu Hause, von denen er nicht mehr weiß, wozu sie gehören. Man braucht sie nicht mehr und so verschwinden sie mit den Jahren in irgendwelchen Schubladen. Vielen ist nicht bewusst, dass sie eine große symbolische Bedeutung haben. Sie hüten unsere Geheimnisse. Alte Schlüssel bewachen unsere liebsten Besitztümer, sie machen auch den Weg für diejenigen frei, die uns in unseren Häusern besuchen möchten.

Was Sie benötigen:

* ein weißes Tuch
* getrocknete Schale einer halben Zitrone
* ein alter Schlüssel
* neue Schlüssel
* eine feine Schnur

Abrakadabra

Breiten Sie für dieses Freundschaftsamulett ein weißes Tuch auf dem Tisch aus und legen Sie fünf Schlüssel in die Mitte. Es ist wichtig, dass der alte Schlüssel immer mit den anderen Schlüsseln zusammen bleibt. Bedecken Sie sie mit der getrockneten Zitronenschale und binden Sie das Tuch mit einer Schnur zu einem kleinen Säckchen zusammen. Tragen Sie das Säckchen immer bei sich, um stets neue Freundschaften zu schließen.

Ein kleines Geheimnis

Soll das Freundschaftsamulett noch kraftvoller sein, dann bewahren Sie eine kleine Uhr ohne Batterien in dem Beutel auf. Die Zeit bleibt stehen und Ihre Freunde bleiben für immer bei Ihnen.

GREECE
Inhalt.
1. Fliegende Ufer-Aas, oder Haft. S. 1.
II. Steinmoos-Raupe. S. 41.
III. Flügellose Blat-Käfer. S. 53.
IV. Haselblat-Käfer. S. 67.
V. Ellern-Raupe. S. 84.
VI. Braungelbe ... -Raupe. S. 93.
VII. Kiefer-Käfer. p. 102.
VIII. Tannen- ... S. 111.

Zaubereien für Geld und Beruf

Werde ich Arbeit finden?

Befragen Sie das geheimnisvolle Orakel

Manchmal scheint unser Schutzengel abwesend zu sein und die Welt hat sich gegen uns verschworen, das Glück steht nicht gerade auf unserer Seite und wir machen uns Sorgen. Es nützt aber nichts, sich zu beklagen und nichts dagegen zu unternehmen. Wir müssen uns unseren Problemen stellen. Früher befragten die Menschen ein Orakel um Rat. Die Griechen hatten eine wahre Orakel-Kultur. Menschen aus allen Gesellschaftsschichten – Bauern, Monarchen, Seefahrer, Soldaten – vertrauten auf den Rat eines Orakels. In Nordeuropa war das Befragen der Runen eine weit verbreitete Orakelpraxis. Die Magie dieser Wikinger-Steine gilt als zuverlässig und kann in mancher Lebenslage hilfreich sein. Hier erfahren Sie mehr.

Was Sie benötigen:

* ein Runenspiel
* Quellwasser
* eine Handvoll Salz
* 5 rote Kerzen

Abrakadabra

Bevor Sie die Runen benutzen, sollten sie gereinigt und mit positiver Energie aufgeladen werden. Legen Sie sie bei Vollmond über Nacht in eine Schüssel mit Salzwasser. Bevor Sie das Wikinger-Orakel befragen, sollten Sie sich entspannen. Konzentrieren Sie sich auf Ihre Atmung, während Sie Ihre Frage klar und eindeutig formulieren. Nehmen Sie fünf Runen und legen Sie sie in der unten beschriebenen Reihenfolge aus. Die magischen Steine beantworten Ihre Frage wie folgt:

- **Erste Rune** (Ost): der vergangene Ursprung des Ereignisses
- **Zweite Rune** (West): die aktuellen Einflüsse
- **Dritte Rune** (Süd): die Zukunft des Ereignisses
- **Vierte Rune** (Nord): die Herausforderungen
- **Fünfte Rune** (Mitte): die Fähigkeit zur Regelung einer Angelegenheit

Orakel können uns bei unserer Entscheidungsfindung unterstützen. Um die Botschaft der Runen zu verstehen, braucht man Intuition und viel Geduld. Am Anfang ist ihre Interpretation vielleicht etwas mühsam, doch sie werden sicher schnell zu einer Bereicherung.

Was sagen uns die Runen?

- **Fehu:** materieller Besitz
- **Uruz:** Energie für persönliche Herausforderungen
- **Thurisaz:** gewinnbringende Geschäfte
- **Ansuz:** Unterstützung durch Freunde und Familie
- **Raido:** berufliche Veränderungen
- **Kenaz:** Auferstehung und Wiedergeburt
- **Gebo**: gute persönliche und berufliche Beziehungen
- **Wunjo**: Erlangung von materiellem Reichtum
- **Hagalaz**: persönliche und berufliche Erfolge
- **Nauthiz**: Entscheidung und Mut in Beruf oder Studium
- **Isa**: Umsicht und Gelassenheit
- **Jera**: Belohnung für die Ernte in der Vergangenheit
- **Eihwaz**: Stärke für schwierige Entscheidungen
- **Perth**: Widerstand gegen das Unglück
- **Algiz**: Schutz
- **Sowelu**: Stärke zum Handeln
- **Teiwaz**: Beständigkeit und Entscheidung vor Veränderungen
- **Berkana**: Wiedergeburt
- **Ehwaz**: Veränderung im Leben
- **Mannaz**: Vorsicht und Mäßigung
- **Laguz**: Erfolg und Fortschritt
- **Inguz**: Kraft, neue Wege einzuschlagen
- **Dagaz**: Ausdauer und persönliche Stärke
- **Othila**: Glück bei Geschäften

Reichtum und Wohlstand erlangen

Der Altar von Lakshmi

Lakshmi, die Gemahlin von Vishnu, ist die hinduistische Göttin der Schönheit und des Reichtums. Geboren aus dem Schaum des Meeres, begleitet sie immer ihren Gemahl, wenn er auf die Erde kommt. Ihr Bild zeigt eine schöne indische Frau mit großen dunklen Augen, auf einer Lotusblüte sitzend. Großzügig lässt sie mit ihren vier Armen Goldmünzen fallen, während sie von zwei weißen Elefanten begleitet wird. Dieser Göttin zu Ehren feiern die Hinduisten einmal im Jahr *Diwali* (das Lichterfest). Sie schmücken Türen und Fenster mit Lichtern und bunten Lampions, damit sie die Göttin mit Reichtum und Wohlstand beschenkt. In allen Haushalten finden sich seit mehr als 3000 Jahren kleine Altäre mit kleinen Opfergaben für Vishnu und seine Gattin. Wenn Sie das Glück in Ihr Haus führen wollen, können Sie einen Altar zu Ehren von Lakshmi aufstellen.

Was Sie benötigen:

* ein eingerahmtes Foto der Göttin Lakshmi
* ein grüner Papierlampion mit Kerzenhalter
* grüner Satin-Stoff
* ein Tigerauge
* 10 Goldmünzen
* einige Basilikumblätter
* eine Handvoll Reis
* Süßigkeiten (Bonbons, Marzipan, Trockenfrüchte ...)

Magische Worte:

Lakshmi, Frau des Vishnu
dem Allgegenwärtigen, möge
dein Glück uns erleuchten.

Ein kleines Geheimnis

Das Tigerauge ist eine Quarz-Variante. Es steht für innere Kraft bei Veränderungen und wird mit Glück in Verbindung gebracht. Außerdem schützt es gegen den Bösen Blick und führt zu Geld und Erfolg bei Geschäften. Seine Braun- und Goldtöne erinnern an Tigerfell und es wird für Amulette und Talismane verwendet.

Abrakadabra

Um die Gunst von Lakshmi zu erwerben, stellen Sie einen kleinen Altar auf. Dieser sollte an einem hellen Ort stehen (Fenster, Balkon). In Indien feiert man das Lichterfest in der Neumondnacht von *Kartik* (Oktober/November). Bedecken Sie den Altar mit einem Satintuch und legen Sie ein Foto von Lakshmi darauf. Legen Sie ihr die Goldmünzen, das Tigerauge und die Basilikumblätter zu Füßen. Als Symbol für Wohlstand streuen Sie mit den Reiskörnern einen Kreis um die Göttin. Räumen Sie Ihr Haus auf und säubern Sie es gründlich, denn es heißt, Lakshmi verabscheut schmutzige, unordentliche Orte.

Bevor Sie Lakshmi anbeten, rufen Sie zuerst Ganesha, den Herrn der Hindernisse. Bitten Sie ihn, negative Energien zu entfernen und so die Ankunft von Lakshmi zu erleichtern. Nehmen Sie sich Zeit, atmen Sie tief durch und visualisieren Sie sich Ihre Probleme, damit Ganesha sie vertreiben kann. Wenn Sie völlig entspannt sind, zünden Sie den Lampion an, stellen ihn ans Fenster und sprechen die magischen Worte.

Lassen Sie den Glücksaltar während der vier Mondphasen aufgebaut und bieten Sie der Göttin süße Opfergaben in jeder Phase.

Der Gott des Reichtums

Tsai Shen Yeh ist der chinesische Gott des Reichtums. Im Feng Shui sagt man, er bringe Wohlstand und Glück, wenn man ihn als Figur auf einem Löwen sitzend aufstellt. Man soll ihn am Eingang aufstellen, damit man ihn als Erstes sieht. Man kann ihn auch im Wohnzimmer diagonal zur Tür aufstellen. Er schützt vor negativen Einflüssen.

Das dritte Auge

Ein mächtiges ägyptisches Amulett

Im Kampf mit Seth um die Thonfolge nach der Ermordung von Osiris, dem Vater des Horus, verlor Horus sein linkes Auge. Thot, der Gott der Weisheit und der Schrift, gab ihm das Udjat-Auge (Horusauge). Dieses magische Auge besaß außergewöhnliche magische Fähigkeiten. Das ägyptische Totenbuch berichtet: *„Das Auge des Horus sei zu deinem Schutz, es übt seinen Schutz über mir aus. Es wird alle meine Feinde zu Fall bringen, alle meine Feinde werden vor mir fallen."*

Das Horusauge wurde im alten Ägypten als mächtiges Symbol für Intelligenz und Weisheit angesehen. Man schreibt ihm eine Verbesserung der Sehkraft und der Konzentrationsfähigkeit zu. Es schützt vor dem Bösen Blick und hilft bei geistigen Herausforderungen. Zudem steht es für Gesundheit, Wohlstand, Widerstandsfähigkeit und Wiedergeburt.

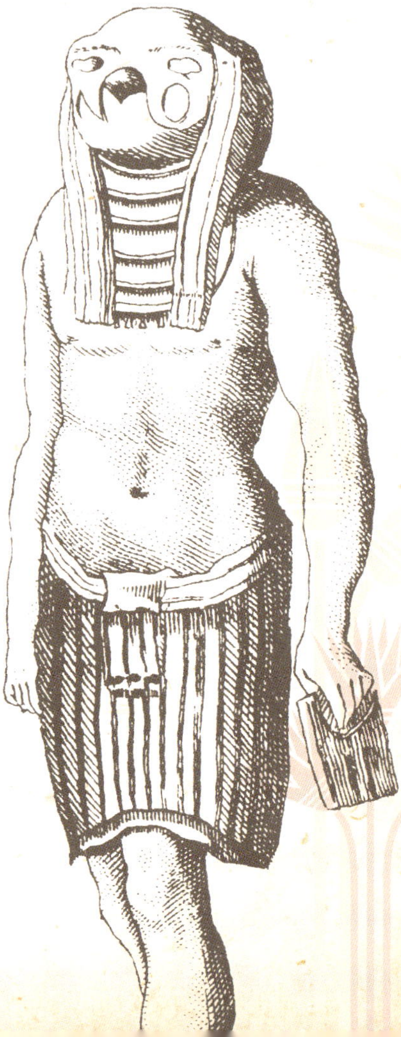

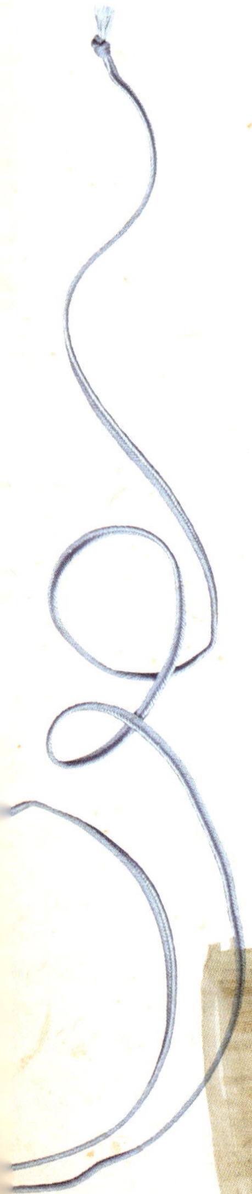

Was Sie benötigen:

* ein Horusauge
* Quellwasser
* eine Handvoll Salz
* ein Kugelschreiber
* ein weißes Blatt
* ein kleiner Lapislazuli
* eine blaue Schnur

Abrakadabra

Steht Ihnen eine Prüfung bevor, sollten Sie diesen Talisman mindestens sieben Tage davor tragen. Um ihn zu reinigen und aufzuladen, legen Sie ihn in einer Vollmondnacht in Salzwasser. Schreiben Sie das Fach, den Ort der Prüfung und den vollständigen Namen des Professors auf ein Papier. Verwenden Sie denselben Kugelschreiber auch in der Prüfung. In dieses Papier wickeln Sie das Amulett mit dem Lapislazuli ein und verschnüren es mit der blauen Schnur. Sprechen Sie dabei die magischen Worte und denken Sie an den Prüfungsstoff. Tragen Sie das Päckchen bis zum Prüfungstag bei sich. Denken Sie vor der Prüfung noch einmal an die magischen Worte und halten Sie den Talisman fest in Ihrer Hand. Der mächtige Horus begleitet durch Prüfungen und hilft, einen kühlen Kopf zu bewahren.

Magische Worte:
Herr der Weisheit,
einziger und auserwählter:
Öffne meinen Geist
und gib mir Licht und
Verstand.

Der blaue Zauber

Seit mehr als 3000 Jahren wird in Ägypten Lapislazuli zur Herstellung von verschiedenen Amuletten und Ornamenten verwendet. Seine intensiv blaue Farbe steht für Reinheit, Gesundheit, Glück und Wohlstand. Er belebt unseren Geist und kann Blockaden in den Chakren lösen.

Die Glücksschale

Transzendentale Heilung durch Feng Shui

Feng Shui (Wind und Wasser) befasst sich mit dem Energiefluss, der kosmischen Kraft und dem Qi, das uns umgibt. Hierbei geht es darum, den Ort, an dem wir leben und arbeiten, harmonisch zu gestalten. Es sind kleine Veränderungen, die uns helfen, den Fluss des Qi zu verbessern, Blockaden zu lösen und mit Glück, Gesundheit, Geld und Familie gesegnet zu sein.

Was Sie benötigen:

* eine goldene Schale
* eine Handvoll Reis
* eine alte Münze
* eine neue Münze
* ein kleines Pergament
* eine Feder mit schwarzer Tinte
* ein rotes Stoffband
* ein Magnet

Abrakadabra

Die Schale des Wohlstandes ist eine der einfachsten Rituale im Feng Shui. Schreiben Sie Ihre Wünsche, den Namen der betreffenden Firma und den des Inhabers auf das Pergament. Rollen Sie es zusammen und binden Sie das rote Stoffband darum. Legen Sie es in die Schale und fügen Sie den Reis, die Münzen und den Magneten hinzu, der den Reichtum anzieht. Stellen Sie die Schale an den Ort des Geschehens in Richtung Süden, wenn möglich weit entfernt von elektrischen Geräten.

Sie können diese Methode auch anwenden, um die Haushaltskasse aufzubessern. Dafür benötigen Sie eine Holzschale und alte Münzen, um sich die schützenden Energie Ihrer Vorfahren nutzbar zu machen.

Im Büro ...

Für Glück und Erfolg im Berufsleben können Sie einige Vorkehrungen treffen.

- Richten Sie den Ort, an dem Sie wichtige Geschäftspartner treffen, nicht direkt gegenüber der Eingangstür ein. Dort herrscht ein starker Energiefluss, der das Geschäft gefährden könnte.
- In einem Ladengeschäft ist es ebenfalls nicht ratsam, die Kasse gegenüber von Türen und Fenstern aufzustellen.
- Stellen Sie den Verhandlungstisch in Richtung Erfolg und Wohlstand.
- An Ihrem Arbeitsplatz können Sie sich an den vier Schutztieren des Feng Shui orientieren. Es empfiehlt sich, den Arbeitstisch durch eine Rückwand (Schildkröte), hohe Möbel links (Drache), niedrige Möbel rechts (Tiger) und einen gegenüber befindlichen Spiegel (Phönix) einzugrenzen.
- Wenn es sich um einen öffentlichen Ort handelt, sollte dieser mithilfe einer Salzkristalllampe gereinigt werden, oder Sie platzieren einen Quarz oder einige Grünpflanzen in Richtung Ost und Südwest.

Ein kleines Geheimnis

Im Feng Shui gibt es magische Gegenstände, die den Wohlstand ins Haus bringen sollen:

- **Himmlische Tiere:** Kleine Figuren in Form von Schildkröte, Tiger, Phönix und Drache. Sie sollten am Eingang oder in jeder Himmelsrichtung aufgestellt werden: Schildkröte – Nord, Phönix – Süd, Tiger – West und Drache – Ost.

- **Lächelnder Buddha:** Das Lächeln von Buddha steht für Freude und Glück. Stellen Sie ihn an einen hellen Platz, an dem er von jedem gesehen werden kann.

- **Chin-Lin:** Fabelwesen mit dem Körper eines Pferdes und dem Kopf eines Drachens. Sie bringen Glück, Erfolg und Ruhm.

- **Magisches Schwert:** Symbol für Schutz vor negativer Energie. Es besteht aus chinesischen Münzen, die mit einem roten Faden zusammengebunden werden. Es ist Bestandteil der Neun-Sterne-Astrologie.

Es möge Energie fliessen!

Ein Talisman am Arbeitsplatz

Holz, Feuer, Erde, Metall und Wasser – nach der traditionellen chinesischen Philosophie gründet das Gleichgewicht der Natur auf diese fünf Elemente, die jeweils in enger zyklischer Beziehung zueinander stehen:

Nährungszyklus:

- Holz nährt Feuer
- Feuer erzeugt Erde
- Erde bringt Metall (Erze) hervor
- Metall enthält Wasser
- Wasser wird von Holz aufgenommen

Was Sie benötigen:

* ein kleines Fischglas mit Quellwasser
* ein Stück Holz aus dem Wald
* eine Handvoll Erde oder ein Mineral
* ein Stückchen Metall (z. B. einen alten Schlüssel)
* eine Kerze (oder eine kleine Lampe)
* Tierfiguren
* ein Kugelschreiber
* einige Bogen weißes Papier

Kontrollzyklus:

- Holz (Bäume) entzieht der Erde Nährstoffe
- Erde enthält Wasser
- Wasser löscht Feuer
- Feuer schmelzt Metall
- Metall (Axt) spaltet Holz

Nach dem chinesischen Horoskop werden Leben und Schicksal eines Menschen jeweils von einem Tier in Kombination mit einem Element bestimmt, die durch Geburtsjahr und -monat gegeben sind. Mögliche Kombinationen sind z. B. Erde–Ratte, Feuer–Tiger oder Holz–Büffel. Sie sagen Grundlegendes über Ihr Wesen und den Umgang mit bestimmten Situationen aus. Menschen mit unterschiedlichen Sternzeichen treffen im Laufe des Lebens aufeinander. Gleichartige Kombinationen können ein Ungleichgewicht hervorrufen und mit der Zeit zu Spannungen und Auseinandersetzungen führen. Um Spannungen zu vermeiden, können Sie einen Talisman an Ihrem Arbeitsplatz aufbewahren.

Magische Worte:

Holz nährt Feuer,
Feuer erzeugt Erde,
Erde formt Metall,
Metall enthält Wasser,
Wasser befeuchtet Holz.

Abrakadabra

Bevor Sie den Talisman herstellen, ordnen Sie jedem Arbeitskollegen sein chinesisches Sternzeichen zu, auf dessen Grundlage die Zusammenstellung des Talismans erfolgt. Es genügt, wenn jedes Element einmal eingesetzt wird, falls mehrere Personen das gleiche Element haben. Wenn also drei Kollegen das Element Erde haben, können Sie sich auf eine Handvoll Erde beschränken. Fragen Sie Ihre Arbeitskollegen nach einem Wunsch in Bezug auf den Beruf oder die Firma und schreiben Sie ihn auf einen Bogen Papier, den Sie zusammengerollt zu den anderen Dingen legen. Dann lädt jeder seinen Talisman auf, indem er die magischen Worte spricht. Schließlich wird der Talisman in sicherer Entfernung von Geräten mit elektromagnetischer Strahlung (Telefone, Computer, Drucker, Faxgeräte etc.) platziert, damit seine magische Schutzenergie fließen kann.

Suchen Sie Ihr Zeichen:

* 05. Februar 1924 – 24. Januar 1925 • **Holz – Ratte**
* 24. Januar 1936 – 10. Februar 1937 • **Feuer – Ratte**
* 10. Februar 1948 – 28. Januar 1949 • **Erde – Ratte**
* 29. Januar 1960 – 14. Februar 1961 • **Metall – Ratte**
* 15. Februar 1972 – 02. Februar 1973 • **Wasser – Ratte**
* 02. Februar 1984 – 19. Februar 1985 • **Holz – Ratte**
* 19. Februar 1996 – 07. Februar 1997 • **Feuer – Ratte**
* 07. Februar 2008 – 25. Januar 2009 • **Erde – Ratte**

* 25. Januar 1925 – 12. Februar 1926 • **Holz – Büffel**
* 11. Februar 1937 – 30. Januar 1938 • **Feuer – Büffel**
* 29. Januar 1949 – 16. Februar 1950 • **Erde – Büffel**
* 15. Februar 1961 – 04. Februar 1962 • **Metall – Büffel**
* 03. Februar 1973 – 22. Januar 1974 • **Wasser – Büffel**
* 22. Februar 1985 – 09. Februar 1986 • **Holz – Büffel**
* 08. Februar 1997 – 27. Januar 1998 • **Feuer – Büffel**
* 26. Januar 2009 – 13. Februar 2010 • **Erde – Büffel**

* 13. Februar 1926 – 01. Februar 1927 • **Feuer – Tiger**
* 31. Januar 1938 – 18. Februar 1939 • **Erde – Tiger**
* 17. Februar 1950 – 05. Februar 1951 • **Metall – Tiger**
* 05. Februar 1962 – 24. Januar 1963 • **Wasser – Tiger**
* 23. Januar 1974 – 10. Februar 1975 • **Holz – Tiger**
* 09. Februar 1986 – 28. Januar 1987 • **Feuer – Tiger**
* 28. Januar 1998 – 15. Februar 1999 • **Erde – Tiger**
* 14. Februar 2010 – 02. Februar 2011 • **Metall – Tiger**

Suchen Sie Ihr Zeichen:

* 02. Februar 1927 – 22. Januar 1928 • **Feuer – Hase**
* 19. Februar 1939 – 07. Februar 1940 • **Erde – Hase**
* 06. Februar 1951 – 26. Januar 1952 • **Metall – Hase**
* 25. Januar 1963 – 12. Februar 1964 • **Wasser – Hase**
* 11. Februar 1975 – 30. Januar 1976 • **Holz – Hase**
* 29. Januar 1987 – 16. Februar 1988 • **Feuer – Hase**
* 16. Februar 1999 – 04. Februar 2000 • **Erde – Hase**
* 03. Februar 2011 – 22. Januar 2012 • **Metall – Hase**

* 23. Januar 1928 – 09. Januar 1929 • **Erde – Drache**
* 08. Februar 1940 – 16. Januar 1941 • **Metall – Drache**
* 27. Januar 1952 – 13. Februar 1953 • **Wasser – Drache**
* 13. Februar 1964 – 01. Februar 1965 • **Holz – Drache**
* 31. Januar 1976 – 17. Februar 1977 • **Feuer – Drache**
* 17. Februar 1988 – 05. Februar 1989 • **Erde – Drache**
* 05. Februar 2000 – 23. Januar 2001 • **Metall – Drache**
* 23. Januar 2012 – 09. Februar 2013 • **Wasser – Drache**

* 10. Februar 1929 – 29. Januar 1930 • **Erde – Schlange**
* 27. Januar 1941 – 14. Februar 1942 • **Metall – Schlange**
* 14. Februar 1953 – 02. Februar 1954 • **Wasser – Schlange**
* 02. Februar 1965 – 20. Januar 1966 • **Holz – Schlange**
* 18. Februar 1977 – 06. Februar 1978 • **Feuer – Schlange**
* 06. Februar 1989 – 26. Januar 1990 • **Erde – Schlange**
* 24. Januar 2001 – 11. Februar 2002 • **Metall – Schlange**
* 10. Februar 2013 – 30. Januar 2014 • **Wasser – Schlange**

* 30. Januar 1930 – 16. Januar 1931 • **Metall – Pferd**
* 15. Februar 1942 – 04. Februar 1943 • **Wasser – Pferd**
* 03. Februar 1954 – 23. Januar 1955 • **Holz – Pferd**
* 21. Januar 1966 – 08. Februar 1967 • **Feuer – Pferd**
* 07. Februar 1978 – 27. Januar 1979 • **Erde – Pferd**
* 27. Januar 1990 – 14. Februar 1991 • **Metall – Pferd**
* 12. Februar 2002 – 01. Februar 2003 • **Wasser – Pferd**

* 17. Februar 1931 – 05. Februar 1932 • **Metall – Ziege**
* 05. Februar 1943 – 24. Januar 1944 • **Wasser – Ziege**
* 24. Januar 1955 – 11. Januar 1956 • **Holz – Ziege**
* 09. Februar 1967 – 29. Januar 1968 • **Feuer – Ziege**
* 28. Januar 1979 – 15. Januar 1980 • **Erde – Ziege**
* 15. Januar 1991 – 03. Februar 1992 • **Metall – Ziege**
* 01. Februar 2003 – 21. Januar 2004 • **Wasser – Ziege**

* 06. Februar 1932 – 25. Januar 1933 • **Wasser – Affe**
* 25. Januar 1944 – 12. Februar 1945 • **Holz – Affe**
* 12. Februar 1956 – 30. Januar 1957 • **Feuer – Affe**
* 30. Januar 1968 – 16. Februar 1969 • **Erde – Affe**
* 16. Februar 1980 – 04. Februar 1981 • **Metall – Affe**
* 04. Februar 1992 – 22. Januar 1993 • **Wasser – Affe**
* 22. Januar 2004 – 08. Februar 2005 • **Holz – Affe**

* 26. Januar 1933 – 13. Februar 1943 • **Wasser – Hahn**

* 13. Januar 1945 – 01. Februar 1946 • **Holz – Hahn**

* 03. Januar 1957 – 17. Februar 1958 • **Feuer – Hahn**

* 17. Februar 1969 – 05. Februar 1970 • **Erde – Hahn**

* 05. Februar 1981 – 24. Januar 1982 • **Metall – Hahn**

* 23. Januar 1993 – 09. Februar 1994 • **Wasser – Hahn**

* 09. Februar 2005 – 28. Januar 2006 • **Holz – Hahn**

* 14. Februar 1934 – 03. Februar 1935 • **Holz – Hund**

* 02. Februar 1946 – 21. Januar 1947 • **Feuer – Hund**

* 18. Januar 1958 – 07. Februar 1959 • **Erde – Hund**

* 06. Februar 1970 – 26. Januar 1971 • **Metall – Hund**

* 25. Januar 1982 – 12. Januar 1983 • **Wasser – Hund**

* 10. Februar 1994 – 30. Januar 1995 • **Holz – Hund**

* 29. Januar 2006 – 17. Februar 2007 • **Feuer – Hund**

* 30. Januar 1911 – 17. Februar 1912 • **Metall – Schwein**

* 16. Februar 1923 – 04. Februar 1924 • **Wasser – Schwein**

* 04. Februar 1935 – 23. Januar 1936 • **Holz – Schwein**

* 22. Januar 1947 – 09. Februar 1948 • **Feuer – Schwein**

* 08. Februar 1959 – 27. Januar 1960 • **Erde – Schwein**

* 27. Januar 1971 – 15. Januar 1972 • **Metall – Schwein**

* 13. Februar 1983 – 01. Februar 1984 • **Wasser – Schwein**

* 31. Januar 1995 – 18. Februar 1996 • **Holz – Schwein**

* 18. Februar 2007 – 06. Februar 2008 • **Feuer – Schwein**

Wie sind Sie?

- Feuer: enthusiastisch, spontan, selbsterhaltend, romantisch
- Erde: praktisch, widerstandsfähig und geduldig
- Holz: kommunikativ, offen und sehr idealistisch
- Wasser: sentimental, aufgeschlossen, aufmerksam, intuitiv und verantwortungsvoll
- Metall: entschlossen, fröhlich und unabhängig

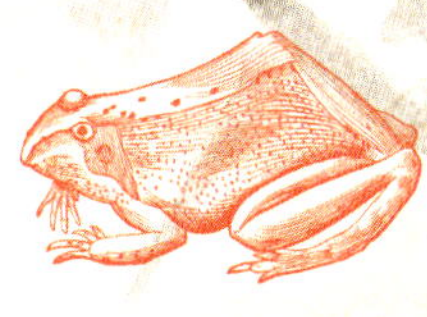

Erfolg für das Unternehmen

Der Kessel des Wohlstands

In der germanischen Tradition ist Ostara das Fest des Neubeginns und der Wiedergeburt. Es wird an der Tagundnachtgleiche (21. März) gefeiert und ist eine Zeit der Freude, Fruchtbarkeit und Begrüßung des Neubeginns. Man begeht es zu Ehren von Cernunnos, dem gehörnten Gott des Wohlstands und der Tiere, wie er auf dem „Kessel von Gundestrup“ zu sehen ist. Darauf wird er inmitten einiger Tiere dargestellt. In der keltischen Mythologie haben die heiligen Kessel der Ostara die Kraft, demjenigen Glück und Wohlstand zu bescheren, der sie besitzt. Diese Tradition wurde von vielen Völkern Nordeuropas gepflegt, indem sie den Frühlingsanfang mit Opfergaben und Ritualen feierten. Auch wir können die keltischen Fruchtbarkeitsgötter mit einem selbst hergestellten „Kessel des Wohlstands“ um eine „gute“ Ernte bitten.

Was Sie benötigen:

* Mohnsamen
* Beifußblätter
* eine Handvoll Haselnüsse
* Orangenblüten
* eine Handvoll Kümmel
* eine Holzschale
* Quellwasser

Anbetung von Ostara, der Fruchtbarkeitsgöttin

Ostara, Göttin der Fruchtbarkeit, des Frühlings und der Wiedergeburt. Lass in meinem Garten Wohlstand gedeihen und Reichtum in meinem Haus.

Wenden Sie sich an …

***Ostara**, germanische Göttin der Fruchtbarkeit und des Wohlstands. Die Rituale zu ihren Ehren begeht man mit Feuer und Wasser. Man feiert dabei die Rückkehr der Sonne und die Fruchtbarkeit der Erde nach einer langen, kalten, dunklen Zeit.*

Abrakadabra

Führen Sie dieses Ritual zur Erlangung von Erfolg und Wohlstand zwischen dem 21. und 23. März (Tagundnachtgleiche) durch. In diesem Zeitraum ist die Erde fruchtbar und bereit, ihre Früchte hervorzubringen.

Damit Ihre Geschäfte und Vorhaben „florieren", können Sie Ostara eine kleine Opfergabe bringen. Füllen Sie die Holzschale mit dem Quellwasser. Legen Sie die Haselnüsse (Weisheit), die Orangenblüten (Sicherheit und Reinigung der Umgebung) und die Beifußblätter („Mutter aller Kräuter") hinein. Geben Sie den Kümmel ins Räuchergefäß und zünden Sie ihn an, damit er Ihr Unternehmen beschützt und bereichert. Stellen Sie die Schale über die zwei Wochen nach der Tagundnachtgleiche in sicherer Entfernung von elektrischen Quellen auf. Zum Schluss geben Sie die Mohnsamen in einen kleinen Stoffbeutel und hängen ihn an einem hellen Ort am Arbeitsplatz auf.

Ein kleines Geheimnis

Eier sind das Symbol des Ostara-Festes (die bunten Ostereier). Sie stehen für das Leben und den Frühlingsbeginn. Ihr Ursprung ist auf eine Legende zurückzuführen: Ostara, die Göttin des Frühlings, wurde stets von einem Hasen begleitet. Er erwies ihr seine Ehre, indem er Eier sammelte und sie bunt anmalte. Sie war davon so begeistert, dass sie ihn bat, diese Freude mit den Menschen auf der ganzen Welt zu teilen.

Inspiration und Kreativität im Beruf

Ein Opferbad für die Feen des Wassers

Die Kraft der Feen ist unermesslich und sanft. Sie helfen uns, wann immer wir sie brauchen. Früher nahmen vor allem Künstler, Schriftsteller und Komponisten ihre inspirierende Kraft in Anspruch. Die Legende besagt, man müsse sich ans Flussufer setzen, um mit ihnen in Kontakt zu treten. Das Wasser spielt hierbei eine entscheidende Rolle. Sie müssen es berühren und sich Ihre Fee vorstellen. Die Königin dieser magischen Wesen herrscht über alle Wassergeschöpfe, wie z. B. Sirenen, Nymphen, Najaden und Nereiden. Meist sind es kreative Menschen, die in der Gunst dieser Feen stehen und deren Schutz genießen.

Was Sie benötigen:

* eine gute Handvoll Orangenblüten
* Holunderbeeren
* Eichenblätter
* 5 blaue Kerzen
* eine Holzschale
* Haselnüsse
* rote Äpfel

Magische Worte:
Königin der Gewässer, schließe deine Kraft in die Tiefen der Erde ein. Königin des Regens und der Strömungen, du, die den Lebensrhythmus bestimmt, flüstere mir zu und führe mich auf meinem Weg der Kunst und des Wissens.

Abrakadabra

Die sensiblen Wasserfeen sucht man am besten in ihrem natürlichen Element Wasser auf. Lassen Sie warmes Badewasser ein und fügen Sie eine gute Handvoll Orangenblüten, Holunderbeeren und Eichenblätter hinzu. Die Eiche ist ein heiliger Baum und außerdem Zufluchtsort der Feen. Der Holunder wurde von den Völkern Nordeuropas verehrt. Man verwendete sein Holz zur Herstellung von Talismanen.

Entzünden Sie die blauen Kerzen und stellen Sie sie entlang der Badewanne auf. An einer Ecke platzieren Sie die Schale mit den Haselnüssen und roten Äpfeln. Haselnüsse sind ein Symbol für Stärke und Weisheit, Äpfel stehen für Kraft und Schutz. Setzen Sie sich in die Badewanne und sprechen Sie die magischen Worte, während Sie die Erscheinung der Feen mit voller Konzentration und Inspiration visualisieren. Entspannen Sie Ihren Geist und sprechen Sie mit den Feen. Seien Sie frei von Scham und äußern Sie Ihre Ideen und Zweifel. Wiederholen Sie das Ritual in mehreren aufeinanderfolgenden Nächten und stellen Sie fest, wie Ihre Ideen Ihnen den Weg leuchten.

Der beste Zeitpunkt

Wenn Sie den richtigen Zeitpunkt kennen, ist es leicht, die Gunst der Feen zu erlangen. In der Nacht von Samhain (vom 31. Oktober auf den 1. November) sind die magischen Wesen besonders aktiv. Diese Nacht markiert das Ende des keltischen Kalenders und wird bestimmt durch den Einfluss des Mondes.

Gegen Probleme im Beruf

Der schützende Druidenbeutel

Der Legende nach wurde König Artus in der Schlacht von Camlann gegen Sir Mordred tödlich verwundet. Um einen tragischen Ausgang zu verhindern, wurde er auf die Insel Avalon gebracht. An diesem paradiesischen Ort trugen Bäume Früchte, ohne dass man sie pflegte, Verletzte wurden geheilt und sie erfreuten sich ewiger Jugend. Man brachte alle toten Krieger auf die Insel, auf der die Fee Morgana mit ihren Töchtern Morgause und Elaine herrschte. Die schöne, aber gefürchtete Fee konnte sich in jedes Tier verwandeln, mittels ihrer Gedanken mit Toten kommunizieren, in die Zukunft sehen und sie beeinflussen. Es ist nicht leicht, den Schutz einer der berühmtesten Zauberinnen der Geschichte zu erbitten. Umso leichter ist es aber, ein magisches Druiden-Amulett herzustellen.

Was Sie benötigen:

* ein kleiner Stoffbeutel
* 3 Gerstenkörner
* 3 trockene Rautenblätter
* 3 trockene Korianderästchen
* Eichenrinde
* trockene Apfelschale
* 3 Handvoll grobes Salz
* Nadel und Faden

Magische Worte:

Morgana, Herrscherin von Avalon, heilend und mächtig. Beschütze mich und halte Sorgen und Probleme fern von mir.

Abrakadabra

Ein Amulett gibt Ihnen Licht, Schutz, Stärke und Entscheidungsfreude. Passen Sie gut darauf auf und lassen Sie es von niemandem berühren. In kleinen Beutelchen bleibt die Magie des Amuletts eingeschlossen und es ist vor negativen Einflüssen von außen geschützt. Das Amulett ist dank seiner Bestandteile kraftvoll und beschützt seinen Besitzer: Die Eiche ist der König unter den magischen Bäumen; die Raute vertreibt Probleme; die Zeder zieht das Glück an; der Apfel ist die Frucht Avalons; Salz hat eine reinigende Wirkung. Hat man sie gemischt, muss man den Beutel nur noch gut zunähen. Nehmen Sie das Amulett in beide Hände, konzentrieren Sie sich und sprechen Sie die magischen Worte. Wenn Sie Schutz im Berufsleben brauchen, tragen Sie es auf der rechten Seite. Wenn Sie Glück in Ihrem Leben brauchen, tragen Sie es auf der linken Seite.

Wenden Sie sich an ...

***Morgana**, Zauberfee aus der keltischen Mythologie. Meisterin von Merlin und Herrscherin über die magische Insel Avalon. Sie hat die Kraft zu heilen, zu beschützen und zu verändern. Der Legende nach empfing sie König Artus auf ihrer Insel, sie legte ihn in ein goldenes Bett und heilte ihn mit ihren Kräutern und Tränken.*

Hinfort von mir!

Der Zauber der Kobolde

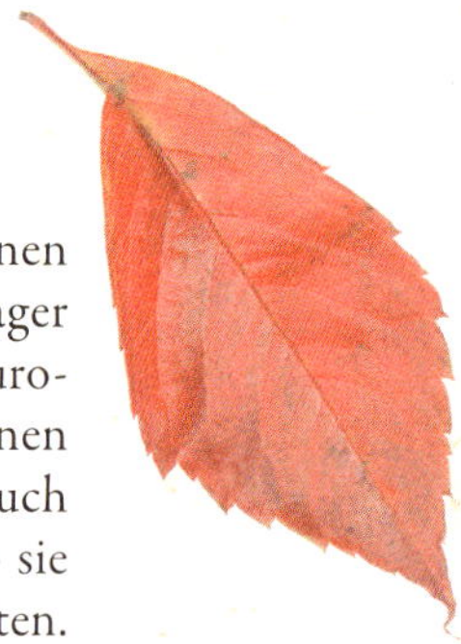

Kobolde leben schon lange unter uns und stehen uns mit Rat und Tat zur Seite. Ihr geheimnisvolles Wesen gibt uns jedoch stets Rätsel auf. Sie sind rastlos, leise und leben in den tiefsten Wäldern. Wenn ihnen dieses Leben zu langweilig wird, treiben sie in den Häusern ihr Unwesen. Man wird sie nicht so leicht los, denn sie gehen nur, wenn sie selbst es wollen. Um sie abzulenken, legen Sie Süßigkeiten aus. Die kleinen Wesen sind hervorragende Wahrsager und Zauberer. Die Bauern Nordeuropas schätzten ihre Fähigkeiten. Ihnen waren sowohl deren gute als auch schlechte Taten bekannt, weshalb sie kleine Geschenke für sie bereithielten. Im folgenden Zauber wurde Zucker verwendet, denn der weckt die Neugier der Kobolde.

Was Sie benötigen:

* ein Kieselstein
* Zucker
* ein Blatt Papier
* ein Kugelschreiber
* 10 Knoblauchzehen

Magische Worte:

Elfen, Kobolde und
andere magische
Kreaturen des Waldes.
Hier ist meine Opfergabe.
Hier ist mein Wunsch.

Abrakadabra

Schreiben Sie den Namen der Person, von der Sie Abstand gewinnen wollen, auf ein Blatt Papier. Stellen Sie sich die Person vor und wie sie sich fühlen wird. Packen Sie die Zutaten für diesen Zauber in einen Rucksack und gehen Sie in einen Wald in Ihrer Nähe. Wählen Sie einen sonnigen Platz zwischen den Bäumen, denn dort leben die kleinen Wesen. Setzen Sie sich und denken Sie darüber nach, was Sie hierher geführt hat. Atmen Sie tief durch und genießen Sie die Natur. Legen Sie das beschriebene Papier auf den Boden, darauf den Kieselstein. Pflanzen Sie die 10 Knoblauchknollen kreisförmig um den Stein. Im alten Rom war Knoblauch ein mächtiges Mittel, um das Böse zu vertreiben.

So können Sie die Kobolde anlocken und Ihr Wunsch kann in Erfüllung gehen. Verstreuen Sie den Zucker dann ebenfalls in einem großen Kreis um das Papier. Wiederholen Sie die magischen Worte dreimal und entfernen Sie sich von dem Ort, ohne sich umzusehen und kehren Sie auf einem anderen Weg nach Hause zurück. Haben Sie etwas Geduld und Sie werden sehen, dass die betreffende Person auf Abstand gehen wird.

Der beste Tag

Man sagt, dass Kobolde und andere magische Geschöpfe der Natur am 17. März (St. Patrick's Day) aus dem Wald kommen.

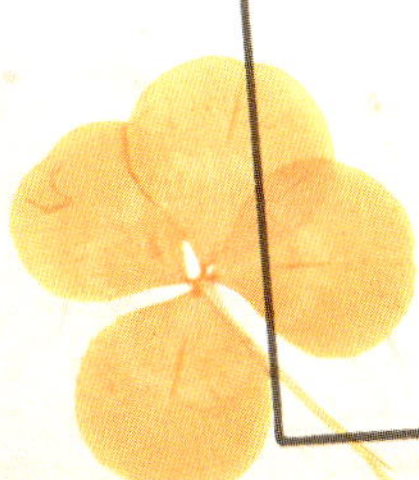

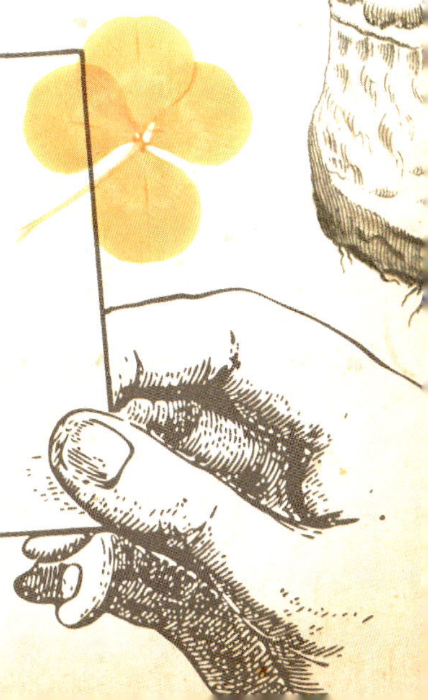

Auf bessere Zeiten

Wünsche bei Südwind

Es war einmal ein Strand voller Seesterne, die von der Strömung angespült worden waren. An diesem Strand war ein Kind, das sie sammelte und zurück ins Wasser warf. Jemand hatte das Kind dabei zwei Tage beobachtet und sagte: *„Es gibt unzählige Seesterne an diesem Strand und noch mehr an einem anderen Strand. Niemals wirst sie alle ins Meer werfen können. Warum strengst du dich so an?“* Das Kind nahm einen weiteren Seestern, warf ihn ins Wasser und sagte: *„Genau deshalb!“* Manchmal verlangt das Leben von uns, dass wir noch viel schwierigere Aufgaben meistern. Alles erscheint uns mühsam und wir sind kurz davor aufzugeben. Vielleicht kann diese Erzählung uns ermutigen. Nehmen Sie Ihren Seestern und werfen Sie ihn weit weg. Nehmen Sie einen nach dem anderen, haben Sie etwas Geduld und ihre Mühe wird sich lohnen. Denken Sie daran, dass die Natur Ihr bester Lehrmeister ist. Sie wartet, fließt, begleitet und ist beständig. Es gibt keine Eile, sie scheint still zu stehen, aber sie bewegt sich aufmerksam innerhalb von unserem Universum. Verbünden Sie sich im nächsten Ritual mit der Natur und Sie werden sehen, wie sie Licht und Hoffnung in Ihr Leben bringt.

Was Sie benötigen:

* mehrere Blatt Papier
* ein Kugelschreiber
* ein grünes Band
* Watte
* Zimtöl
* mehrere Ballons
* eine Handvoll Salbei und Beifuß
* Helium

Magische Worte:

Notos, Boreas, Argestes und Zephyros, Kinder von Astraios und Eos.
Ich übergebe euch meine Wünsche, dass sie frei nach oben fliegen.
Von hier erwarte ich geduldig die Ankunft der guten Zeiten.

Abrakadabra

Um Ihre Wünsche dem Wind zu übergeben, schreiben Sie diese auf verschiedene Zettel. Falten Sie sie zusammen und geben Sie sie einzeln in die Luftballons. Tunken Sie so viele Wattebällchen in Zimtöl wie Sie Luftballons haben und stecken diese ebenfalls in die Ballons.

Früher benutzten Magier den Zimt, um positive Energien herbeizuführen und Wünsche zu erfüllen. Zimt war auch als Bestandteil von Talismanen und Amuletten sehr gefragt. Er galt als hilfreich bei Themen wie Spiritualität, Erfolg, Liebe und Fruchtbarkeit.

Pumpen Sie einen Luftballon nach dem anderen mit Helium auf, ohne dass der Inhalt hinausfällt, und binden Sie sie mit einem kleinen grünen Band zusammen. Sprechen Sie nun die magischen Worte. Stellen Sie sich Ihre Wünsche vor und lassen Sie die Luftballons los. Verlassen Sie den Ort, ohne sich umzuschauen und kehren Sie ein Jahr später zum Dank zurück. Streuen Sie dafür Beifuß und Salbei in den Wind. Denken Sie an das Glück, das Sie im vergangenen Jahr hatten und kehren Sie nicht mehr an diesen Ort zurück.

Der beste Ort

Damit Ihre Wünsche weit und wenn möglich in Richtung Norden getragen werden, sollten Sie für diesen Zauber einen Tag mit Südwind auswählen. Das Ritual ist bevorzugt in der Natur zu vollziehen, beispielsweise an einer Steilküste, auf einem Hügel oder Berggipfel.

Vor der Prüfung

Die sieben magischen Kräuter

Salbei, Schafgarbe, Chrysantheme, Efeu, Mäusedorn, Johanniskraut und Beifuß sind die sieben magischen Kräuter des heiligen Johannes. Warum ausgerechnet die Zahl Sieben? Sie ist das Ergebnis aus 3 (Himmel) und 4 (Erde). Die Zahl stellt insofern eine Verbindung zwischen Göttlichem und Menschlichem dar. In vielen Kulturen ist die 7 eine magische Zahl. In der Bibel erklärt Jesus Christus, man müsse 70 mal 7 um Vergebung bitten; im Hinduismus gibt es 7 Chakren; im Islam gibt es 7 Himmel usw. Außerdem gibt es 7 Sünden, 7 Wochentage, 7 Sakramente, 7 Tugenden und 7 Weltwunder. Früher war die 7 eine magische Zahl und der siebte Sohn einer Familie, so glaubte man, hatte die Fähigkeit, in die Zukunft zu sehen. Im Viktorianischen Zeitalter sollten alle siebten Söhne eine medizinische Laufbahn einschlagen. Ein Amulett mit den sieben Kräutern ist vor allem für junge Menschen und Studenten hilfreich, da dieser Zauber klare Gedanken fördert.

Was Sie benötigen:

* eine Prise Salbei
* eine Prise Schafgarbe
* eine Prise Chrysantheme
* eine Prise Efeu
* eine Prise Mäusedorn
* eine Prise Johanniskraut
* eine Prise Beifuß
* ein kleiner Bergkristall
* eine Holzschale
* ein Stoffbeutelchen

Abrakadabra

Es handelt sich hier um ein Doppelamulett. Mischen Sie in einer Nacht bei zunehmendem Mond die sieben Kräuter des heiligen Johannes in einer Holzschale. Legen Sie den Bergkristall dazu, damit er die ganze Nacht die Kraft der Kräuter aufnimmt. Geben Sie den Bergkristall und die Kräuter in ein Stoffbeutelchen. Schon haben Sie Ihr erstes Amulett, das Sie (in der rechten Hosentasche) bei Prüfungen begleitet und für klare Gedanken und gute Konzentration sorgt.

Öffnen Sie dann einige Seiten Ihres Lehrbuches und verteilen Sie darauf ein bisschen von der magischen Kräutermischung. Dieser zweite Schritt trägt zum besseren Textverständnis und zur Konzentration während der Prüfung bei.

Die magische Nacht

Viele Zauberrituale werden in der magischen Nacht vom 23. auf den 24. Juni zelebriert. In der kürzesten Nacht des Jahres wird die Sommersonnenwende gefeiert, die mit bestimmten Ritualen in Verbindung gebracht wird: die magische Kräutersammlung, die Suche nach vierblättrigen Kleeblättern und zahlreiche Schutz-, Liebes- und Fruchtbarkeitsrituale.

Ein kleines Geheimnis

Der Legende nach sollen, als der heilige Johannes starb, einige Tropfen Blut auf den Boden gefallen und an der Stelle soll Johanniskraut gewachsen sein, daher hat das Kraut seinen Namen. Deshalb ist in einigen Zauberbüchern zu lesen, dass es böse Geister vertreiben soll.

Geschäfte verbessern

Ein Zauber zur Kundengewinnung

Magie und Feuer sind untrennbar, denn Feuer enthält Lebenskraft und Stärke. Im antiken Rom beleuchtete man die Tempel mit Feuer, die Kelten feierten die Nacht des Feuergottes und in Japan hieß man das neue Jahr mit Feuer willkommen. Feuer eignet sich auch hervorragend zur Reinigung der Umgebung. Räucherzauber werden sehr häufig in der Weißen Magie angewendet. Im Folgenden wird erklärt, wie das Feuer gegen negative Energien und für Erfolg bei Geschäften hilfreich sein kann.

Was Sie benötigen:

* 50 g Sandelholz
* 50 g Eukalyptusblätter
* 20 g geriebene Muskatnuss
* eine feuerfeste Metallschüssel
* Kieselsteine
* Räucherkohle
* eine Grillzange
* Quellwasser
* Salz

Welche Kräuter verwende ich?

- **Myrrhe:** Für eine heilende, meditative Umgebung.
- **Lavendel, Moschus, Rosmarin und Raute:** Für eine saubere, reinigende Umgebung.
- **Eukalyptus, Beifuß, Wacholder und Engelwurz:** Gegen negative Energien.
- **Orangenblüte, Linde und Lavendel:** Bei nervlicher Anspannung in der Umgebung.
- **Sandelholzbaum, Basilikum und Petersilie:** Materielles Glück.

Wenden Sie sich an …
***Sif**, Gemahlin des Thor und skandinavische Göttin der Wirtschaft und der Geschäfte. Sie steht für das Gold der Erde und alles Wertvolle. Sie sieht, wo Reichtum ist, der die Welt in jeder Hinsicht – nicht nur materiell – verschönern kann.*

Abrakadabra

Bevor Sie mit dem Ritual beginnen, sollten Sie überall gründlich aufräumen und saubermachen. Schließen Sie Fenster und Türen, damit der Rauch nicht entweichen kann. Nehmen Sie ein Stück Räucherkohle mit der Grillzange und zünden Sie es an. Wenn es rot glüht, legen Sie es in die Metallschüssel und stellen Sie diese auf die Kieselsteine.

Mischen Sie die Kräuter und verteilen Sie sie auf der Kohle. Nun verteilt sich der Rauch im Raum. Fügen Sie nach und nach die Kräuter hinzu, bis alles verraucht ist. Mit dem letzten Löffel konzentrieren Sie sich auf Ihre Wünsche und löschen die Kohle mit einem Glas Salzwasser.

Ein kleines Geheimnis

Sandelholz ist sehr aromatisch. Als Pulver verbrennt man es bei Schutz- und Heilungszaubern. Ein verbreiteter Brauch ist, einen Wunsch auf ein Stück Sandelholz zu schreiben und es dann zu verbrennen, damit der Wunsch in Erfüllung geht.

Einen Ausweg finden

Die Magie der Zauberbücher

Viele Bücher enthalten geheime wunderbare Schätze – so auch die rätselhaften Zauberbücher aus dem Mittelalter. In ihnen sind zahlreiche Zauberformeln zu finden, zum Beispiel, wie man magische Kräuter mischt, Talismane herstellt und Kontakt zu übernatürlichen Wesen aufnimmt, wenn man auf der Suche nach Liebe und Glück ist oder Unsichtbarkeit erlangen möchte. In den Zauberbüchern werden einige magische Rituale aus der jüdischen Kabbala, der persischen und griechischen Sternenkunde und mit Engeln und gegen Dämonen beschrieben. Man fürchtete sich vor den Auswirkungen einiger dieser kraftvollen Texte. Die Bücher enthielten allerdings auch Texte mit harmloseren Zaubereien, zum Beispiel zur Beilegung von Streitigkeiten in der Familie oder unter Freunden und Nachbarn.

Was Sie benötigen:

* Silberfarnblätter
* eine gute Handvoll grobes Salz
* eine Handvoll gehackte Petersilie
* eine Holzschale
* ein Stroh- oder Reisigbesen

Magische Worte:

Gereinigtes Salz,
schließe das Böse ein.
Heilender Farn,
heile Krankheit.
Säubernde Petersilie,
entziehe alles Falsche.

Abrakadabra

Manchmal ist es schwer, sich mit anderen zu verstehen. Vor allem, wenn man sich häufig sieht, kann es zu Spannungen kommen (z. B. am Arbeitsplatz). In diesem Fall sollte ein Säuberungsritual durchgeführt werden. Mischen Sie die Silberfarnblätter, die Petersilie und das Salz in einer Holzschale. Verstreuen Sie die Mischung überall auf dem Boden an Ihrem Arbeitsplatz. Fegen Sie den Boden und sprechen Sie die magischen Worte. Geben Sie das Gefegte in einen Papierbeutel und binden Sie ihn mit einem Band sorgfältig zusammen. Im Inneren schließen Sie die negativen Energien auf diese Weise fest ein. Es ist wichtig, den Beutel am selben Tag noch weit weg in der Erde zu vergraben und einige schwere Steine daraufzulegen.

Wenden Sie sich an ...
San Cipriano von Antioquía*, Schutzpatron der magischen Künste. Er sammelte in einem Zauberbuch alle Zauberformeln, die er auf seinen Reisen lernte.*

Verbessern Sie Ihr Verhältnis zum Chef

Das Schutztotem

Die Ureinwohner Nordamerikas glauben, dass jeder Mensch ein Krafttier oder Totemtier hat, das uns begleitet, hilft und in schweren Zeiten unterstützt. Das Krafttier ist unser Meister, Heiler und Verbündeter. Wann auch immer Sie es brauchen, können Sie in sich gehen, um es herbeizurufen.

Was Sie benötigen:

* 2 Schachteln Räucherstäbchen (vorzugsweise Sandelholz)
* eine Schnitzfigur Ihres Krafttieres
* ein Stoffbeutelchen

Abrakadabra

Um sich Ihr Krafttier vorzustellen, zünden Sie ein Räucherstäbchen in einer ruhigen, sonnigen Wohnung an. Setzen Sie sich dann bequem hin und lassen Sie sich in den nächsten 10 Minuten von niemandem stören. Schließen Sie die Augen, entspannen Sie sich und atmen Sie tief durch. Stellen Sie sich eine grüne unendliche Wiese vor und in der Mitte eine Eiche. Nähern Sie sich der Eiche. Es ist ein großer Baum mit starken Ästen. Beobachten Sie, wie die Sonnenstrahlen zwischen den Blättern hindurchscheinen. Hören Sie auf die Geräusche der Natur und spüren Sie den Wind in Ihrem Gesicht. Gehen Sie um die Eiche und suchen Sie ein Loch, das für Ihren Fuß groß genug ist. Schauen Sie nach oben und fangen Sie an zu klettern. Wenn Sie oben angekommen sind, setzen Sie sich auf einen

starken Ast. Genießen Sie Ihre Umgebung und warten Sie geduldig auf Ihr Krafttier. Wenn Sie ihm gegenüberstehen, sprechen Sie gelassen mit ihm über Zweifel und Sorgen. Bitten Sie es, Sie stets zu begleiten und Ihnen zu helfen. Öffnen Sie schließlich die Augen und bewahren Sie die Figur Ihres Krafttieres immer in einem Stoffbeutelchen auf. Tragen Sie es als Schutzamulett immer bei sich, damit es Ihnen in schwierigen Situationen beisteht.

Welches ist Ihr Krafttier?

- **Falke** *(21. März – 21. April)*: Beobachtungsgabe, Schnelligkeit und Energie
- **Biber** *(22. April – 20. Mai)*: Kreativität, Vorahnung
- **Hirsch** *(21. Mai – 21. Juni)*: Feingefühl bei Gefahr und bezüglich der Absicht anderer
- **Specht** *(22. Juni – 22. Juli)*: Stabilität und Entschlossenheit
- **Lachs** *(23. Juli – 22. August)*: Stärke und Tapferkeit in schwierigen Situationen
- **Braunbär** *(23. August – 21. September)*: Entschlossenheit und Stärke
- **Rabe** *(22. September – 22. Oktober)*: Umwandlung negativer in positive Situationen
- **Schlange** *(23. Oktober – 21. November)*: Anpassungs- und Wandlungsfähigkeit
- **Esel** *(22. November –20. Dezember)*: Überblick und Ausgeglichenheit
- **Gans** *(21. Dezember – 19. Januar)*: Prinzipientreue
- **Biberratte** *(20. Januar – 19. Februar)*: Bewegung, Erfindung, Schaffen
- **Wolf** *(20. Februar – 20. März)*: Intuition, Instinkt

Sicher durch die Prüfung!

Steinwasser für Studierende

Die Kraft der Steine unterstützt uns bei mentalen Aufgaben und steigert unsere Konzentrationsfähigkeit. Unter dem Einfluss magischer Steine kann tiefe Harmonie entstehen, in der wir vor negativen Kräften geschützt sind. Schon seit Jahrhunderten werden Kristalle und Edelsteine verwendet, um die Umgebung zu reinigen und Menschen von negativen Energien zu befreien. Außerdem unterstützen sie die Heilung von Krankheiten und stimulieren die Chakren.

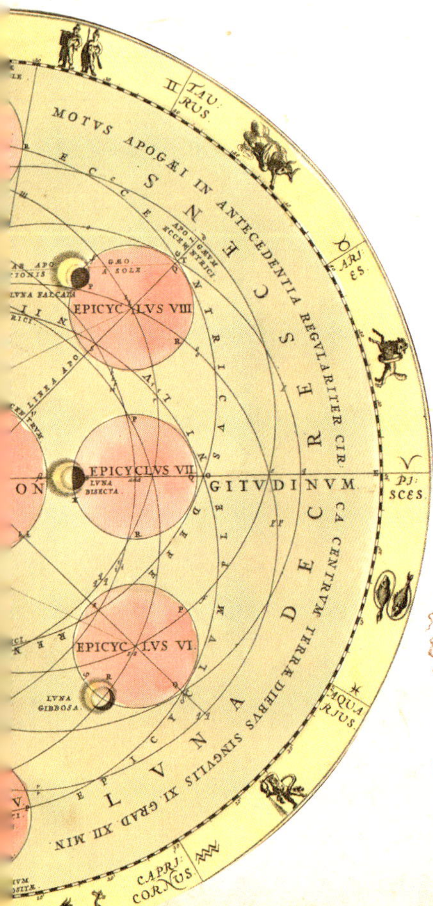

Was Sie benötigen:

* Quellwasser
* ein Aquamarin
* ein Citrin oder Topaz aus Brasilien
* ein Bergkristall
* stabiles Garn
* eine Holzschale
* Hakennägel und ein Hammer

Aquamarin

Bergkristall

Abrakadabra

Um eine positive Lernatmosphäre zu schaffen, umwickeln Sie den Bergkristall mehrmals mit Garn und machen einen Knoten. Das Garn sollte 50 cm überstehen, damit Sie den Stein an der Zimmerdecke aufhängen können. Befestigen Sie den Stein an der Decke. So kann der Quarz den Raum mit seiner magischen Kraft erfüllen. Ein heller und sonniger Raum wird durch den Quarz mit Sonnenenergie aufgeladen. Legen Sie die anderen Steine in die Holzschale mit frischem Quellwasser. Der Aquamarin ist ein Stein von außergewöhnlicher magischer Kraft. Er steht in besonderer Verbindung zur Zukunft. Hier benutzen wir ihn zur Förderung der Konzentration. Der Citrin stimuliert die intellektuellen Fähigkeiten und fördert die Entscheidungsfähigkeit. Legen Sie die Steine über Nacht ins Wasser, damit sie ihre positiven Schwingungen abgeben können. Trinken Sie am nächsten Tag nur einen kleinen Schluck davon, denn die Wirkung ist sehr stark. Um an mehreren aufeinanderfolgenden Tagen Steinewasser herzustellen, sollten Sie die Steine tagsüber in grobes Salz legen, um sie erneut aufzuladen. Dann kann die Prozedur in der Nacht wiederholt werden.

Welcher ist Ihr Planet bzw. Ihr Schutzstein?

- **Wassermann: Uranus.** Freiheit, unerwartete Veränderungen, Originalität. Schutzstein ist der **Amethyst.**
- **Fische: Neptun.** Träume und Vorstellungskraft. Schutzstein ist der **Aquamarin.**
- **Widder: Mars.** Ehrgeiz, Impulsivität und physische Energie. Schutzstein ist der **Rubin.**
- **Stier** und **Waage**: **Venus.** Liebe, Familie, Schönheit und Harmonie. Schutzsteine sind **Lapislazuli** und **Malachit.**
- **Zwillinge** und **Jungfrau**: **Merkur.** Intellektualität, Dialog, Kommunikation und Logik. Schutzsteine sind **Topaz** und **Karneol.**
- **Krebs: Mond.** Weiblichkeit, Emotionen und Mutterschaft. Schutzstein ist der **Bergkristall.**
- **Löwe**: **Sonne.** Individualität, Selbstbewusstsein und Männlichkeit. Schutzstein ist der **Bernstein.**
- **Skorpion: Pluto.** Leidenschaft und Mut. Schutzstein ist der **Granat.**
- **Schütze**: **Jupiter.** Spiritualität. Schutzstein ist der **Türkis.**
- **Steinbock**: **Saturn.** Weisheit, Väterlichkeit und Gerechtigkeit. Schutzstein ist der **Opal.**

Opal

Besser im Beruf

Das magische Wunschbad

Die ägyptische Stadt Theben war eine Hochburg der Magie. Hier trafen sich zahlreiche Magier und Zauberer. Die meisten von ihnen kamen aus der Region des Nildeltas. Sie schrieben ihre geheimen Zauberformeln auf Papyrus. Einige davon sind bis in die heutige Zeit erhalten. Die ägyptischen Magier glaubten, dass jeder Wunsch eines Menschen in seinem Herzen geboren wird und dass er Wirklichkeit wird, indem man ihn ausspricht. Deshalb erwogen sie ihre Worte mit äußerster Sorgfalt, bevor sie sie äußerten oder aufschrieben. Sie suchten stets nach einer direkten Verbindung zwischen der Sprache und dem Herzen und schätzten die Kraft des gesprochenen oder geschriebenen Wortes. Worte entwickeln sowohl gesprochen als auch geschrieben eine besondere Kraft. Der ägyptische Begriff für „Wort" lautet „*medet*", das mit „*medou*" verwandt ist, was soviel wie „Gehstock" bedeutet. Worte sind demnach wie Gehstöcke, die uns im Leben unterstützen.

Was Sie benötigen:

* ein schwarzer Filzstift
* abwaschbare, rote Fingerfarbe
* 50 g Myrrhe
* 50 g Lorbeer
* grobes Salz
* schwarze und rote Kerzen

Abrakadabra

Für dieses Wunschritual stellen Sie fünf schwarze und fünf rote Kerzen ins Badezimmer. Die schwarzen stehen für das, was verändert werden soll; die roten für Ängste und Blockaden, die einen Fortschritt verhindern. Lassen Sie dann warmes Wasser in die Badewanne ein und geben Sie Myrrhe, Lorbeer und Salz hinein. Myrrhe verwendete man im alten Ägypten für die Herstellung von Duftmischungen und Räucherstäbchen. Lorbeer ist von besonderer magischer Kraft. Salz dient zur Beseitigung von negativen Energien und Blockaden. Gönnen Sie sich nun etwas Entspannung in diesem warmen, duftenden Wasser. Atmen Sie tief durch und visualisieren Sie Ihre Wünsche. Schreiben Sie Ihre Wünsche auf die nasse Haut. Markieren Sie die Körperstellen, die Sie bei Ihrer Arbeit häufig benutzen (Kopf, Hände, Beine usw.). Schreiben Sie mit der roten Fingerfarbe zwei oder drei Wörter auf Ihre Haut, die anzeigen, was Sie an Ihrem Erfolg hindert. Seifen Sie sich ein und reiben Sie die beschriebenen Stellen. Die roten Stellen mit Ihren Blockaden verschwinden vollständig, die mit Ihren Wünschen bleiben unverändert. Das Salz nimmt die negativen Energien auf, während Myrrhe und Lorbeer Ihre Wünsche stärken. Bleiben Sie einen Moment sitzen und haben Sie in der folgenden Zeit Geduld, denn früher oder später werden Ihre Wünsche wahr.

Ra, Isis und Horus

Ra, Isis und Horus können Sie bei diesem Ritual unterstützen. Die magische Kraft war ursprünglich im Besitz des Sonnengottes Ra, bis die Göttin Isis ihm eine Falle stellte, indem sie ihn zwang, seinen geheimen Namen preiszugeben. Dadurch erhielt sie die Macht über Leben und Tod, die sie später an ihren Sohn Horus übertrug.

Zaubereien für Schutz und Glück

Schutz für Ihre Lieben

Ein keltischer Altar für zu Hause

Die Kelten vertrauten der Kraft der Natur und ihrer Geschöpfe: den Pflanzen, Bäumen, Steinen, Tieren, Bächen usw. In ihrer Vorstellung war jeder Baum und jede Pflanze von seinem eigenen Geist beseelt und es bestand eine Verbindung zwischen der irdischen und der spirituellen Welt. Da sie in Harmonie mit der Natur lebten, hatte jede Familie einen Schutzbaum.

Das Wasser fließt in den Bäumen, die Wurzeln reichen bis in die wunderbare Erde, der Wind weht in den Blättern und das Feuer erzeugt Reibung in den Ästen, die sich dem unendlichen Himmel entgegenstrecken. Der Baum ist die Grundlage der Welt.

Abrakadabra

Wählen Sie einen Ort, an dem Sie Ihren keltischen Altar aufstellen können. Dafür ist eine helle Ecke im Haus, beispielsweise in der Nähe eines Fensters, gut geeignet. Sammeln Sie Rinde oder Früchte des jeweiligen Familienschutzbaumes und legen Sie alles auf das Tischtuch. Die einzelnen Gegenstände sollten sich gegenseitig berühren. Zünden Sie die Kerzen an und streuen Sie das Salz um den Altar. So sind Ihre Schutzbäume stets im Haus und halten negative Energien fern.

Was Sie benötigen:

* Rinden und Zweige, Samen, kleine Früchte oder Ästchen des Familienschutzbaumes
* ein rotes Teelicht für jedes Familienmitglied
* ein rotes Tischtuch
* eine Handvoll grobes Salz

Welcher ist Ihr Schutzbaum?

- **Birke** *(24. Dezember – 20. Januar)*: Symbol für neues Erwachen, fruchtbare Schöpfung und gute Gewinne. Nach einer irischen Legende wurden die ersten keltischen Inschriften in Birkenrinde geritzt.
- **Wilde Esche** *(21. Januar – 17. Februar)*: Bekannt als „Lebensbaum", eignet sich gut zur Herstellung von Amuletten gegen den Bösen Blick und negative Energien.
- **Esche** *(18. Februar – 17. März)*: Baum der Wiedergeburt und Heilung. Die Kelten benutzten sein Holz zur Herstellung von Zauberstäben.
- **Erle** *(18. März – 14. April)*: Symbolisiert Bewältigung und Auferstehung, zusammen mit der Zypresse und der Pappel.
- **Weide** *(15. April – 12. Mai)*: Baum der Verzauberung.
- **Hagedorn** *(13. Mai – 9. Juni)*: Überwindung und Wiederauferstehung.
- **Eiche** *(10. Juni – 7. Juli)*: Der König aller Bäume wurde von den Kelten sehr verehrt.
- **Stechpalme** *(8. Juli – 4. August)*: Unsterblichkeit und Fruchtbarkeit.
- **Haselnuss** *(5. August – 1. September)*: Weisheit, Erkenntnis, Inspiration und Wahrsagekraft. Aus diesem Holz wurden die Stäbe der Druiden hergestellt.
- **Weinstock** *(2. September – 29. September)*: Freude und Glück.
- **Efeu** *(30. September – 27. Oktober)*: Geduld und Hingabe.
- **Zwergholunder** (*28. Oktober – 24. November*): Spiritualität und Schutz.
- **Holunder** *(25. November – 23. Dezember)*: Schutzbaum und Berater in häuslichen Angelegenheiten. In Dänemark fürchtete man die mächtige *Hyldemoer* oder Holundermutter, die in diesem Baum lebte, und beschnitt daher nie seine Äste.

Gesundheit und Sicherheit

Schützendes Wasser der Raute

Mutter Natur verfügt über ein großes Angebot an Mitteln für jede Art von Zauber. Um die magische Wirkung der Zauberpflanzen auszuprobieren, können Sie Ihren eigenen Kräutergarten anlegen. Wenn Sie sich täglich um ihn kümmern, ihn hegen und pflegen, können Sie von seiner magischen Energie profitieren.

Unter den magischen Pflanzen ist die Raute von besonderer Bedeutung. Schon seit der Antike wird sie für alle Arten der Zauberei eingesetzt und zur Herstellung von Talismanen und Amuletten verwendet.

Was Sie benötigen:

* 100 g Rautenblätter
* 2 Esslöffel Myrrhe
* Quellwasser
* Rautenstängel
* Stoffbeutelchen

Magische Worte:

Die Kraft der Raute hilft uns.
Die Magie der Raute schützt uns.
Mutter Natur, vertreibe Krankheit
und schließe die Tür vor allem Bösen.

Abrakadabra

Zur Herstellung dieser Essenz zerstoßen Sie die Rautenblätter in einem Mörser. Erhitzen Sie einen Topf mit Quellwasser und fügen Sie die Rautenblätter und die Myrrhe hinzu. Nehmen Sie den Topf nach fünf Minuten vom Herd und lassen Sie die Mischung abkühlen. Füllen Sie eine Sprühflasche mit dem magischen Aufguss und besprühen Sie Ihre Kleidung, um sich vor negativen Energien und Krankheit zu schützen. Sprechen Sie die magischen Worte während des Rituals und stellen Sie sich Ihre Familie sicher in einer hellen Luftblase vor. Geben Sie einige Rautenstängel in mehrere Stoffbeutelchen und bewahren Sie diese im Kleiderschrank auf, um den Schutzzauber aufrechtzuerhalten.

Die vier Kräfte der Raute

1. **Schutz:** Die Raute vermeidet Unfälle und Krankheiten.
2. **Anziehung von Positivem:** Die Raute zieht gute Menschen und Geschäfte an.
3. **Heilung:** Schon immer wurde die Raute zum Schutz vor Krankheit verwendet.
4. **Abwehr von Negativem:** Sie hält Böses fern.

Ein kleines Geheimnis

Einem alten chilenischen Brauch zufolge kann man sich unerwünschten Besuch fernhalten, indem man Raute vor das Haus pflanzt.

Gestärkte Aura

Ein reinigendes Bad mit Zitrone und Salz

Es gibt Tage, an denen erscheint es so, als hätte sich die ganze Welt gegen einen verschworen. Dann sollten Sie Ihre Aura reinigen. Sie umgibt uns und beeinflusst somit unmittelbar unsere körperliche, mentale und emotionale Verfassung. Unsere Aura ist ein ungefährlicher Lichtstrahl an Farben, den unser Körper an die Umwelt abgibt. Normalerweise haben wir eine ausgewogene Mischung aus zwei Farben (stark und schwach). Wenn dieses Gleichgewicht gestört ist, gibt es keine klare Trennung der Farbnuancen und die Lichtstärke verringert sich. Dann ist es an der Zeit, dass Sie Ihre Aura reinigen.

Abrakadabra

Die Reinigung der Aura ist eine einfache Methode, um die physische und geistige Vitalität wiederherzustellen. Räumen Sie das Badezimmer gründlich auf und säubern Sie es, denn Unordnung und Schmutz stören unseren Energiefluss. Machen Sie das Licht aus und zünden Sie die Räucherstäbchen und die weißen Kerzen an. Halten Sie einen sicheren Abstand zu elektrischen Geräten. Schalten Sie die Heizung während des Reinigungsrituals aus. Füllen Sie

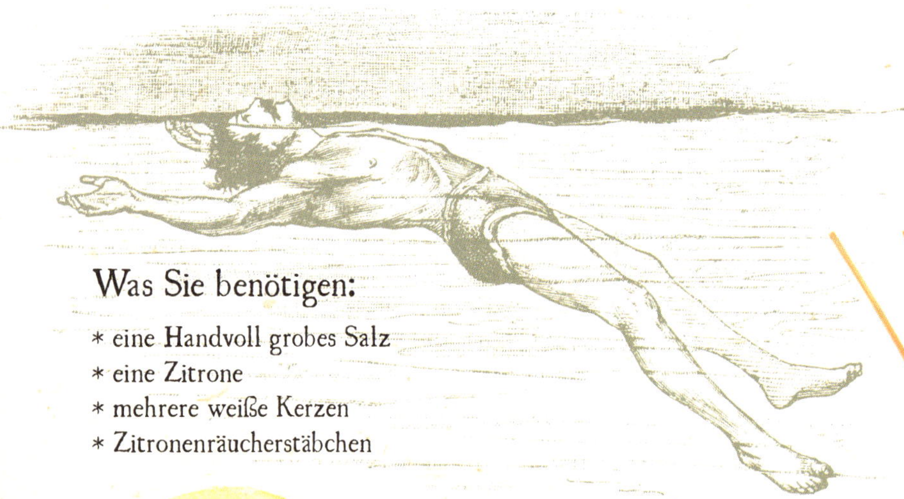

Was Sie benötigen:

* eine Handvoll grobes Salz
* eine Zitrone
* mehrere weiße Kerzen
* Zitronenräucherstäbchen

die Badewanne, ziehen Sie sich aus und klopfen Sie leicht Ihre Haut ab. Wenn die Badewanne voll ist, geben Sie Salz hinein und pressen Sie die Zitrone über dem Badewasser aus. Steigen Sie in die Wanne und tauchen Sie mehrmals ganz ins Wasser ein, damit Ihr ganzer Körper gereinigt wird.

Jetzt beginnen Sie mit der Visualisierung. Dies dient der Entspannung und vertieft das Bewusstsein. Denken Sie an alles Positive, das Sie in den letzten Jahren erlebt haben und werfen Sie alle Sorgen über Bord. Schließen Sie die Augen und stellen Sie sich Ihre Aura vor. Erfüllen Sie Ihre Aura mit Licht und Stärke und fühlen Sie, wie ihre Wärme Ihren Körper durchströmt. Achten Sie auf Ihre Atmung, entspannen Sie sich und denken Sie an die Bedeutung der weißen Kerzen. Weiß ist die Farbe der Spiritualität und der Transzendenz, außerdem symbolisiert sie Heilung und Reinheit. Wiederholen Sie das Baderitual zweimal pro Woche, bis Ihre Aura spürbar wieder im Gleichgewicht ist.

Ein kleines Geheimnis

Die Aura ist sehr empfindlich und wird durch unseren Gefühlszustand beeinflusst. Nach einer Reinigung kann sie mit positiven Gedanken rein gehalten werden.

Welche Farbe hat Ihre Aura?

Rot: bodenständig, aktiv, leidenschaftlich, energetisch und kraftvoll

Rosa: sensibel, zärtlich und sehr emotional

Orange: kreativ, unternehmungslustig, aktiv und perfektionistisch

Gelb: optimistisch, amüsant und intelligent

Grün: sozial und kommunikativ

Blau: sensibel, zärtlich und intuitiv

Lila: aktiv, energisch und idealistisch

Weiß: spirituell, übersinnlich und mit den Kräften des Universums verbunden

Schwarz: emotionales Ungleichgewicht, körperliches Leid und Angst

Erfolg und Glück im Überfluss

Opfergabe für die Göttin des Erfolgs und des Wohlstands

Die römische Göttin Abundantia gilt als die Hüterin des Füllhorns. Nach der griechischen Mythologie wurde der Gott Zeus durch die Nymphe Amalteia mit Ziegenmilch aufgezogen. Zum Dank schenkte ihr Zeus ein Horn der Ziege, das die Kraft besaß, seinem Besitzer alle Wünsche zu erfüllen. Im antiken Rom glaubte man, dass Abundantia bei Nacht in die Häuser kommt. Ihr zu Ehren ließ man im Haus Münzen oder Getreidekörner fallen. Man kann sie nur um Hilfe bitten, wenn man nicht schon im Überfluss lebt. Ihre Fähigkeiten sind ausschließlich für Haushalt und Familie wirksam.

Was Sie benötigen:

* eine Handvoll Weizenkörner
* ein Olivenblatt
* ein Weinblatt
* ein Feigenblatt
* mehrere gängige Münzen
* eine Goldschale
* 4 goldene Kerzen

Abrakadabra

Um die Gunst von Abundantia zu erhalten, müssen Sie ihr mit aufrichtigem Herzen ein Opfer bringen. In der römischen Tradition waren der Olivenbaum, die Weinrebe und der Feigenbaum heilig. Sie symbolisierten Fruchtbarkeit, Wohlstand und Reichtum. Weizen war das Grundnahrungsmittel der Römer und manchmal auch das Zahlungmittel. Zur symbolischen Darstellung von Wohlstand zu Ehren Abundantias zerkleinern Sie die Blätter, mischen sie mit den Weizenkörnern und geben alles in die Schale. Legen Sie die Münzen darauf, zünden Sie die Kerzen an und sprechen Sie die magischen Worte.

Magische Worte

Mächtige und werte Göttin Abundantia,
bring mir Glück, beschere mir Wohlstand
und lass mich an deinem Reichtum teilhaben.
Öffne deine goldene Quelle und bade mich
in deinem Glück.

Während Sie schlafen …

Ein Duft zum Verzaubern

Mit Macht und Schönheit wachen die Feen über Willen und Erfolg der Menschen. Sie können uns sowohl Gutes als auch Schlechtes zufügen. Deshalb ist beim Eintritt in die Welt der Feen stets Vorsicht geboten. Man sollte ihnen mit Respekt begegnen und kann ihre Anwesenheit nur mit einem Gegenstand aus der Natur herbeiführen. Für das menschliche Auge sind sie unsichtbar. Sie leben in Wäldern, an Gebirgsbächen und in verlassenen Höhlen. Eine sehr bekannte Fee ist Mab, die Königin der Magie und Zauberei und Meisterin Merlins. Der englischen Legende zufolge ist sie die Trägerin von Träumen und beschert jedem, der sie anruft, Hoffnung und Fröhlichkeit. Mit ihrem blauen Schleier bedeckt sie die Sterblichen, die Leid erfahren, und bringt ihnen so Freude und Optimismus zurück. Auch Shakespeare redet von ihr in *Romeo und Julia*: *„O, dann seh ich, daß ihr einen Besuch von der Königin Mab gehabt habt. Sie ist die Heb-Amme der Phantasie, kommt bey Nacht, nicht größer als ein Agtstein am Zeigfinger eines Aldermanns, und fährt euch mit einem Gespan von kleinen Atomen über die Nasen der Schlafenden hin. (…) Ihr Wagen ist eine leere Hasel-Nuß, von Schreiner Eichhorn, oder Meister Wurm gemacht, die seit unfürdenklicher Zeit die Wagner der Feen sind: und in diesem Staat galloppiert sie, Nacht für Nacht, durch das Gehirn der Verliebten, und dann träumen sie von Liebe; über die Kniee der Hofleute, welche dann straks von Aufwartungen; über die Finger der Advocaten, die straks von Sporteln; über die Lippen der Damen, die straks von Küssen träumen, aber oft von der erzürnten Mab mit Hiz-Blattern gestraft werden, wenn ihr Athem nach parfümiertem Zucker-Werk riecht."*

Was Sie benötigen:

* 2 Beutelchen aus weißem Stoff
* 2 Beutelchen aus schwarzem Stoff
* eine Handvoll Salbei
* eine Handvoll Basilikum
* eine Handvoll Passionsblumenblüten
* ein Esslöffel grobes Salz

Abrakadabra

Früher legten unsere Großmütter duftende Kräutersäckchen in Schubladen und zwischen die Bettlaken. Sie taten dies, um der Wäsche einen frischen Geruch zu verleihen und die Motten fernzuhalten. Vermutlich wussten sie nicht, dass dieser Brauch eine lange Tradition hat und früher hauptsächlich dazu diente, die bösen Geister zu vertreiben. Vor allem auf dem Land glaubte man an die Existenz von Nymphen, Elfen und Feen. Ihr launenhaftes Kommen und Gehen bei Tag und auch bei Nacht brachte die Menschen bisweilen zur Verzweiflung. Damals hängte man im Haus zum Schutz vor unliebsamen Geschöpfen des Waldes einfache Beutelchen mit bestimmten Kräutern auf.

Zur Herstellung Ihres eigenen Kräuterbeutelchens zerkleinern Sie Salbei- und Basilikumblätter separat in einem Mörser und füllen alles zusammen mit dem Salz in die schwarzen Beutelchen. Dann zerkleinern Sie die Passionsblumenblüten im Mörser und geben Sie sie in die weißen Beutelchen. Nähen Sie die Beutelchen zu, legen Sie die weißen unter Ihre Matratze: eines ans Kopf-, das andere ans Fußende. Verfahren Sie ebenso mit den schwarzen Beutelchen. Personen, die in diesem Bett schlafen, sind ganz besonders ausgeruht und ihre Träume werden sich in den weißen Beutelchen sammeln. Wechseln Sie ab und zu den Inhalt der schwarzen Beutelchen, damit die negative Energie entweichen kann.

Welche ist Ihre Fee?

- **Königin Paradies:** Die Fee der im Zeichen Widder Geborenen. Sie hilft uns, das Unerwartete und Schwierige zu überstehen.

- **Prinzessin Viviane:** Die Fee der im Zeichen Stier Geborenen. Sie herrscht über das Universum der Steine. Vorteilhaft bei jeder Art von Arbeit, klärt unsere Gedanken und hilft uns, mutiger und sicherer zu sein.

- **Dame Melior:** Die Fee der im Zeichen Zwillinge Geborenen. Mächtige Beschützerin vor Feinden und dem Bösen Blick.

- **Königin Melusine:** Fee der im Zeichen Krebs Geborenen. Sie herrscht über das Reich des Regens. Sie ist die Beschützerin aller Verliebten und begünstigt Liebesbeziehungen.

- **Prinzessin Morgane:** Fee der im Zeichen Löwe Geborenen. Sie herrscht über das Universum der Sonne. Sie ist die Muse von Künstlern, Schriftstellern und anderen kreativen Menschen.

- **Dame Urgania:** Die Fee der im Zeichen Jungfrau Geborenen. Sie fördert Kraft, Beständigkeit und Widerstandsfähigkeit.

- **Königin Holda:** Die Fee der im Zeichen Waage Geborenen. Sie herrscht über das Reich der Winde. Man kann sie anrufen bei Wünschen in Verbindung mit Geld und Geschäften.

- **Prinzessin Esterella:** Die Fee der im Zeichen Skorpion Geborenen. Sie herrscht über das Universum der Flüsse. Hilft bei familiären Angelegenheiten und unerfüllter Liebe.

- **Dame Glasting:** Die Fee der im Zeichen Schütze Geborenen. Ideal für schnelle Lösungen und kleine Probleme.

- **Königin Mab:** Die Fee der im Zeichen Steinbock Geborenen. Königin der Feen. Sie übermittelt Träume, die Wirklichkeit werden.

- **Prinzessin Aril:** Die Fee der im Zeichen Wassermann Geborenen. Beschützerin von Schülern und Studenten.

- **Dame Selkie:** Die Fee der im Zeichen Fische Geborenen. Sie herrscht über das Reich der Seen und Meere. Begünstigt Romanzen und Heirat.

Gegen den Bösen Blick

Ein reinigender Spiegel

Wenn Sie sich müde oder krank fühlen, kann es sein, dass Sie Opfer des Bösen Blickes geworden sind. Auch wenn es oft für einen Aberglauben gehalten wird, so hat man doch jahrhundertelang an den großen Einfluss des Bösen Blicks geglaubt. Schon immer gab es dagegen verschiedene Mittel. Stets galt das Auge als Zeichen des Fluches und der negativen Energien. Durch den Bösen Blick können Schlafmangel, grundlose Traurigkeit, Albträume und Appetitlosigkeit entstehen. Je nach Charakter der Person kann das Böse Ängste oder Phobien auslösen. Wenn man den Bösen Blick auf sich gezogen hat, sollte man zuerst seine Aura reinigen und sich dann mit einem Gegenzauber schützen.

Was Sie benötigen:

* eine Bienenwachskerze
* eine weiße Kerze
* eine schwarze Kerze
* ein großer Spiegel
* weiße Kleidung
* ein Taschenspiegel

Liegt der Böse Blick auf mir?

Oft ist es nicht leicht zu sagen, ob man den Bösen Blick auf sich gezogen hat. Um dies zu überprüfen, geben Sie Zedernöl in eine Schale und entzünden es. Dann streuen Sie etwas grobes Salz in die Flammen. Wenn das Salz beim Kontakt mit den Flammen stark knistert, ist das ein Zeichen für den Bösen Blick.

Abrakadabra

Bevor Sie diesen Zauber durchführen, sollten Sie Ihre Wohnung gründlich reinigen. Nehmen Sie dann selbst ein Reinigungsbad mit Salz und Zitrone. Trocknen Sie sich ab und ziehen Sie weiße, leichte Kleidung an. Reinigen Sie dann den Spiegel, indem Sie eine Bienenwachskerze anzünden und sie neben den Spiegel stellen. Schauen Sie in den Spiegel, während Sie folgende Worte sprechen: *„Schützendes Feuer, reinigender Spiegel, ich werbe um eure Gunst.“* Stellen Sie jetzt die schwarze Kerze rechts neben den Spiegel und die weiße Kerze links davon. Zünden Sie sie an, schließen Sie die Augen und stellen Sie sich vor, wie Ihre Gestalt mit einem Lichtstrahl erleuchtet wird. Beobachten Sie die Umrisse. Es gibt keine Schatten mehr, denn alles erstrahlt in gleißend weißem Licht. Halten Sie noch einen Moment inne und öffnen Sie dann die Augen.

Zur Steigerung des positiven Energieflusses sollte das Ritual noch fortgesetzt werden. In den nächsten zwei Monaten legen Sie den Spiegel in einer Tasche unter Ihr Bett. Mit diesem einfachen Amulett werden die negativen Energien in der Nacht von dem Spiegel aufgenommen.

Der türkische Nazar

In der Türkei wird der Böse Blick als „Nazar“ bezeichnet. Seine Ursprünge gehen auf die Epoche der Hethiter zurück. Man glaubte, dass alle schlechten Gefühle durch die Augen nach außen dringen können. Um dies zu vermeiden, hängte man sich eine Glasperle in Form eines blauen und schwarzen Auges um den Hals – ein Brauch, den es bis heute gibt.

Kraftvoller Gegenzauber

Ein reinigendes Ritual

Manchmal sagen oder tun wir Dinge, die wir nicht begreifen können. Es scheint, als würden wir von unsichtbaren Fäden gesteuert. Eigentlich wollen wir in die eine Richtung, entscheiden uns aber dann doch für den anderen Weg. Dieser stille Einfluss wie von Zauberhand findet sich in unserem ganzen Handeln wieder. Jeder Zauber kann durch Willenskraft, Änderung der Gewohnheiten oder durch einen Gegenzauber gebrochen werden.

Was Sie benötigen:

* eine Schale oder ein Gefäß aus Ton
* eine Handvoll Wacholderblätter
* eine Handvoll Farnkrautblätter
* ein weißes Blatt Papier
* 5 weiße Kerzen
* ein kleiner Spiegel
* ein Kugelschreiber
* ein Strähne Ihrer Haare

Magische Worte:

Heilender Wacholder,
reinigendes Feuer,
verwandelnder Farn,
befreit mich von
allem Bösen,
für jetzt und alle Zeit.

Abrakadabra

Dieses Reinigungsritual wird in einer sauberen, ordentlichen und hellen Wohnung durchgeführt. Legen Sie den Spiegel auf eine Unterlage und stellen Sie eine leere Schüssel darauf, damit die negativen Einflüsse aufgenommen werden. Konzentrieren Sie sich, atmen Sie tief durch und stellen Sie sich die Menschen vor, die für Sie negative Energien auslösen. Schreiben Sie langsam Ihre Gedanken auf ein Blatt Papier und geben Sie all Ihre negative Energie ab. Falten Sie das Blatt zusammen und legen Sie es zwischen die Kräuter. Schneiden Sie sich eine Haarsträhne ab und vermischen Sie sie mit den restlichen Zauberzutaten. Stellen Sie die Kerzen im Kreis um die Tonschale auf und zünden Sie sie an. Entzünden Sie auch das Papier und die Kräuter, sprechen Sie die magischen Worte und lassen Sie alles verbrennen (auch die Kerzen). Werfen Sie die Asche nicht weg, sondern vergraben Sie sie an einem ruhigen Ort. Kehren Sie auf einem anderen Weg zurück als Sie gekommen sind.

Herzlichen Glückwunsch!

Schützende Kerzen an Ihrem Geburtstag

Ihr Geburtstag hat eine besondere Bedeutung. Feiern Sie ihn und nutzen Sie diesen kraftvollen Augenblick, um Ihren Schutzengel herbeizurufen. Dies ist ein Tag, an dem viele Menschen an Sie denken, Ihnen alles Gute wünschen und Ihnen positive Energie schenken. Im Folgenden wird ein Schutzzauber durchgeführt.

Was Sie benötigen:

* eine rote Kerze
* eine weiße Kerze
* 3 Streichhölzer
* Zedernöl
* grobes Salz
* Quellwasser
* eine Holzschüssel
* ein weißer Bogen Papier
* ein wasserfester Filzstift

Magische Worte:
Ich (Ihr Name) rufe meinen Schutzengel (Name des Schutzengels), damit er mich begleite und beschütze an meinem Geburtstag. Ich bitte dich, lass meine Wünsche in Erfüllung gehen.

Abrakadabra

Ihr Geburtstag ist der ideale Tag für das im Folgenden beschriebene Ritual. Beginnen Sie bereits in der Nacht zuvor, indem Sie eine rote Kerze reinigen. Mischen Sie ein Glas Wasser mit einer Handvoll Salz in einer Holzschüssel und reiben Sie die Kerze damit gut ein. Lassen Sie die Kerze an der Luft trocknen und ritzen Sie Ihren Namen mit einem spitzen Gegenstand in das Wachs. Stellen Sie die Kerze in einen Metallkerzenständer. Entzünden Sie sie mit den drei Streichhölzern und sprechen Sie die magischen Worte. Den Namen Ihres Schutzengels finden Sie ab Seite 142.

Wiederholen Sie das Ritual an Ihrem Geburtstag mit der weißen Kerze. Reiben Sie die Kerze außerdem von unten nach oben mit Zedernöl ein. Stellen Sie die beiden Kerzen zusammen, sprechen Sie die magischen Worte und lassen Sie die Kerzen unter Aufsicht ausbrennen.

Am nächsten Tag (das Ritual dauert drei Tage) nehmen Sie die weiße Kerze in beide Hände, stellen sich Ihre Wünsche vor und danken Ihrem Engel für seine Unterstützung.

Schmelzen Sie dann die Kerzenreste in einem Wasserbad und tropfen Sie das heiße Wachs auf das weiße Papier. Lassen Sie das Wachs trocknen und schreiben Sie Ihre Wünsche daneben. Behalten Sie das Blatt bei sich.

Behütete Träume

Der Traumfänger der Anishinabe

Die Anishinabe (auch: Ojibwa) waren ein Stamm nordamerikanischer Ureinwohner, der im Norden des Landes lebte. Ihr Gebiet erstreckte sich von Quebec und Ontario bis zu den riesigen Waldflächen um die Großen Seen. In dieser schönen und zauberhaften Umgebung liegt der Ursprung der bekannten Traumfänger. Ein altes spirituelles Oberhaupt des Stammes hatte eine Vision, in der ihm Iktomi, der große Meister des Wissens, erschien. In Gestalt einer Spinne nahm Iktomi einen Weidenreifen und bespannte ihn mit einem Faden. Während er das tat, sprach er mit dem Ältesten über das Leben und die Wege, die sie gingen. Er sagte: *„In jeder Phase des Lebens fließt viel Energie – positive und negative. Wenn man positive Energien hat, führen sie einen in die richtige Richtung. Wenn man sich allerdings auf negative Energien verlässt, so schaden sie einem und führen einen in die Irre.“* Ohne seine Arbeit zu unterbrechen, fügte er hinzu: *„Schau dir ein Spinnennetz an, es ist rund, aber in der Mitte ist ein Loch. Das Spinnennetz kann dir, deinen Freunden oder Verwandten helfen, bestimmte Ziele zu erreichen und Ideen, Träume und Visionen zu verwirklichen. Wenn du an den Großen Geist glaubst, wird das Spinnennetz deine guten Ideen auffangen und die schlechten fallen durch die Öffnung in der Mitte.“* Als der spirituelle Führer aus dieser Vision erwachte, verbreitete er die Nachricht unter seinen Stammesmitgliedern. So entstand der Brauch, eine Art Spinnennetz aus Weidenreifen und Garn, geschmückt mit Federn und natürlichen Gegenständen, über der Schlafstätte aufzuhängen. Die Traumfänger stellte man von Hand her und ihre Funktion war und ist es, die Träume der Menschen zu filtern, sodass sie nur die guten erreichen, während die schlechten durch die Öffnung verschwinden.

Was Sie benötigen:

* ein Metalldraht von 60 cm Länge
* Federn in verschiedenen Farben
* Perlen oder Glasperlen
* ein Wollknäuel
* eine Rolle Garn

Abrakadabra

Stellen Sie Ihren eigenen magischen Traumfänger her, indem Sie aus Draht einen Reifen formen. Als Vorlage können Sie einen zylindrischen Gegenstand mit einem Durchmesser von etwa 50 cm benutzen, um den Sie den Draht doppelt legen und ihn so rund wie möglich formen. Den überstehenden Draht wickeln Sie um den Reifen, damit dieser gut zusammenhält. Umwickeln Sie den Reifen dann mit Wolle, bis der Draht nicht mehr zu sehen ist. Markieren Sie in gleichem Abstand zueinander 12 Punkte, indem Sie jeweils ein Stück Garn um den Reifen binden (siehe Abbildung).

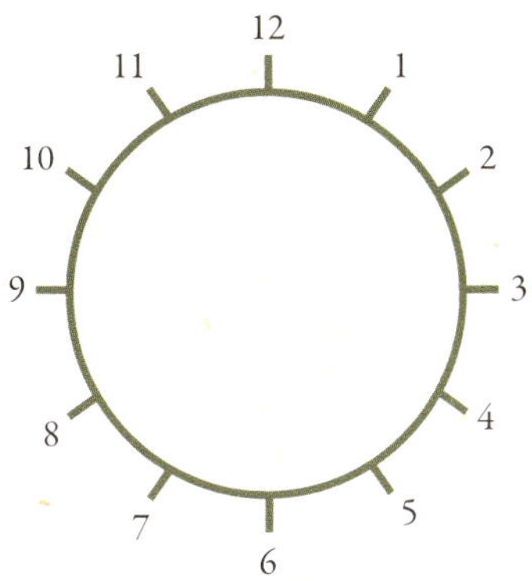

Nehmen Sie das Ende eines Wollfadens (von etwa 2 m Länge) und knoten Sie es an Punkt 12 fest. Von dort aus legen Sie den Faden nach Punkt 5 und befestigen ihn ebenfalls mit einem kleinen Knoten. Dann fahren Sie wie folgt fort:

- von Punkt 5 nach Punkt 10
- von Punkt 10 nach Punkt 3
- von Punkt 3 nach Punkt 8
- von Punkt 8 nach Punkt 1
- von Punkt 1 nach Punkt 6
- von Punkt 6 nach Punkt 11
- von Punkt 11 nach Punkt 4
- von Punkt 4 nach Punkt 9
- von Punkt 9 nach Punkt 2
- von Punkt 2 nach Punkt 7
- von Punkt 7 nach Punkt 12

Es ist wichtig, an jedem Punkt einen Knoten zu machen, da sich das Netz sonst leicht auflösen könnte. Von Punkt 12, wo Sie sich gerade befinden, spannen Sie den Faden erneut nach Punkt 3. Von dort aus nach Punkt 6, dann nach Punkt 9 und schließlich nach Punkt 12. Schneiden Sie dann den Faden ab. Befestigen Sie erneut einen Faden an Punkt 1 und spannen Sie ihn nach Punkt 4, dann nach Punkt 7, von dort nach Punkt 10 und kehren Sie schließlich nach Punkt 1 zurück. Schneiden Sie den Faden ab. Befestigen Sie einen Faden an Punkt 2 und spannen Sie ihn nach Punkt 5, dann nach Punkt 8, von dort aus nach Punkt 11 und schließlich nach Punkt 2. Damit das Netz nicht zu locker wird, binden Sie die Fäden an den Stellen, an denen sie sich kreuzen, zusammen. Schmücken Sie nun den Reifen, indem Sie an Punkt 3 und Punkt 9 verschiedene Federn und Perlen mit Garn befestigen. Zum Schluss binden Sie zur Befestigung über dem Bett einen Faden an Punkt 12.

Ihre Wünsche in einem kleinen Beutel

Ein Amulettbeutel

Amulette begleiten die Menschen schon seit Jahrhunderten. Ihre magische Kraft hat die Menschen aus allen Schichten fasziniert. In vielen Museen finden sich zahlreiche Beweise dafür. Als Beispiele seien die altägyptischen Amulette wie die Skarabäen aus Amethyst, Lapislazuli oder Feldspat erwähnt, ebenso das Horusauge und der Anch. Auch bei den Griechen und Römern wurden Gegenstände gefunden, die als Talismane bezeichnet werden können. Bis heute sind Amulette, wie z. B. das Hufeisen, die Hand der Fatima oder das vierblättrige Kleeblatt, in Gebrauch. Man kann einen oder mehrere Glücksbringer gleichzeitig verwenden. Wichtig ist jedoch, ihn zu reinigen und mit positiver Energie aufzuladen, bevor man ihm sein Schicksal anvertraut.

Was Sie benötigen:

Für das Reinigungsbad

* 50 g Raute
* 50 g grobes Salz
* ein Liter Quellwasser
* Sandelholz-Räucherstäbchen

Zum Aufladen der Amulette

* eine weiße Tischdecke (aus Baumwolle oder Leinen)
* eine Handvoll grobes Salz
* ein weißer, flacher Teller

Abrakadabra

Bevor Sie Ihren Beutel mit Amuletten in Gebrauch nehmen, müssen Sie ein Reinigungsbad nehmen. Sie werden damit alle negativen Schwingungen los, die sich auf Ihre Wünsche und Absichten negativ auswirken könnten. Zunächst kochen Sie die Raute mit dem Salz im Quellwasser. Dann legen Sie die Amulette in eine Holzschale und kühlen den Rautenaufguss ab. Nun legen Sie die Amulette hinein. Nehmen Sie ein Entspannungsbad, trocknen Sie sich anschließend ab und ziehen Sie weiße Kleidung an. Schließlich entzünden Sie ein Räucherstäbchen.

Wie bei allen Ritualen sollten Sie auch dieses in einer aufgeräumten, sauberen Wohnung durchführen. Nehmen Sie die Amulette aus dem Aufguss und trocknen Sie sie mit einem Tuch ab. Entzünden Sie noch weitere Räucherstäbchen und bringen Sie den Rauch in Kontakt mit den Amuletten. Von diesem Zeitpunkt an dürfen nur Sie die Amulette berühren.

Sie können die Amulette im Mondlicht (passende Mondphase siehe unten), am besten unter freiem Himmel, aufladen. Legen Sie die Amulette dafür auf einen weißen Teller, der wiederum auf einer weißen Tischdecke steht. Streuen Sie Salz um den Teller und lassen Sie alles über Nacht stehen.

Nehmen Sie am nächsten Tag jedes der Amulette einzeln in die Hand und äußern Sie Ihren Wunsch laut und deutlich. Nun sind die Amulette zum Schutz einsetzbar. Legen Sie sie in einen Beutel und nähen Sie die Öffnung zu, damit die Energie nicht verloren geht und um sie vor negativen Schwingungen zu schützen. Tragen Sie den Beutel stets bei sich und denken Sie täglich einige Minuten an Ihre Wünsche, damit sie in Erfüllung gehen.

Der beste Zeitpunkt

Bevor Sie den Amulettbeutel verschließen, sollten Sie auf die richtige Mondphase achten. Diese ist abhängig von der Art Ihrer Wünsche:

- *Zunehmender Mond: für Liebe, Glück und Wohlstand*
- *Vollmond: für Fruchtbarkeit*
- *Abnehmender Mond: für Schutzrituale gegen den Bösen Blick*

Ein hübscher Beschützer

Ein Omamori am Rückspiegel

Der Schintoismus, die älteste Religion in Japan, zeichnet sich durch den Glauben an unbegrenzt viele Gottheiten *(kami)* aus. Sie können die Form von Menschen, Tieren, Gegenständen oder abstrakten Wesen haben, die sich überall befinden können. Sie werden im ganzen Land geschätzt und in vielen Tempeln *(jinja)* verehrt. Schintoistische Amulette, „Omamori" genannt, findet man in jedem Tempel. Es handelt sich um kleine, bunte Stoffsäckchen, die den Namen des göttlichen Beschützers und einen passenden Spruch beinhalten. Der Begriff *„omamori"* bedeutet „schützen" oder „verteidigen". Die Menschen tragen sie um den Hals, am Rückspiegel, in kleinen Bambus-Kästen sowie in der Hosen- oder Jackentasche. Nach der Tradition soll man sie jedes Jahr erneuern und das alte Omamori verbrennen. Außerdem darf nur derjenige sie berühren, den sie beschützen sollen.

Was Sie benötigen:

* orientalischer Stoff mit Goldfäden und bunten Farben
* Nadel und Faden (oder eine Nähmaschine)
* fester Karton
* Papier
* ein wasserfester Filzstift
* rote Schnur
* eine Schere

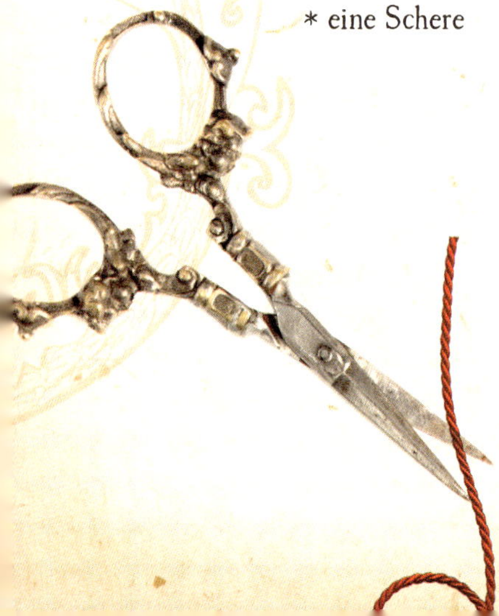

Omamori-Beschützer

- **Kotsuanzen:** Beschützt während einer Autofahrt oder einer Reise.
- **Gakugyojoju:** Beschützt Schriftsteller und Studenten oder Schüler.
- **Enmusubi:** Beschützt Paare und hilft, die große Liebe zu finden.
- **Anzan:** Beschützt Schwangere.
- **Kanaeanzen:** Schützt die Gesundheit, hält Krankheit fern und lindert Beschwerden.
- **Shobaimanjo:** Omamori für Geld, gute Geschäfte, Glück und Wohlstand.

Abrakadabra

Um Ihr eigenes Omamori herzustellen, schneiden Sie den Stoff in zwei Rechtecke von 10 x 5 cm. Dann schneiden Sie den Karton in zwei Stücke von 8 x 4 cm. Schließlich schneiden Sie ein Blatt Papier ebenfalls mit den Maßen 8 x 4 cm zurecht. Schreiben Sie den Namen Ihres Omamori-Beschützers darauf (siehe oben rechts) und hängen Sie es zwischen die beiden rechteckigen Kartons. Legen Sie diese zwischen die beiden Stoffrechtecke. Nähen Sie nun die vier Seiten zusammen. Das Omamori muss vor eventueller Energie von außen abgeschottet sein. Wenn Sie möchten, können Sie noch einen Faden zum Aufhängen annähen. Bevor Sie das Amulett benutzen, nehmen Sie es vor fremden Blicken geschützt in beide Hände und konzentrieren Sie sich auf Ihre Wünsche. Übertragen Sie Ihre Wünsche an Ihr Amulett und achten Sie darauf, dass es von niemandem berührt wird.

Andere schintoistische Amulette

- **Teru Teru Bozu:** Ein Amulett (oft in Form einer Puppe), das man ein paar Tage vor einer großen Feier ins Fenster hängt. Es soll gute Zeiten herbeiführen und Unwetter vertreiben. Dieser Brauch stammt aus der Edo-Zeit, als die Bauern die Teru Teru Bozu in den Fenstern aufhängten, damit der Regen endete und die Ernte nicht zerstört wurde.
- **Hachimaki:** Ein Stirnband voller guter Wünsche und positiver Energien, wie man es in Japan häufig findet. Man bindet es sich um die Stirn, wenn man für eine Sache Glück braucht. Es symbolisiert Kraft und Beständigkeit.
- **Ofuda:** Es ist ein größeres Omamori, z. B. ein Holzbrett mit dem Namen des Beschützers und einem ermutigenden Satz. Es wird zum Schutz des Hauses an einem sichtbaren Ort aufgehängt

Dank für die Ernte

Der Altar des Mabon

Die Kelten Nordeuropas bedachten mit ihren Feierlichkeiten im Jahreslauf vor allem die Veränderungen in der Natur. Sie hielten Feste und Rituale ab, um sich für das Vergangene sowie für die Zukunft zu bedanken. Einer dieser besonderen Momente ist der 21. September (Herbstanfang). Während Mabon (gälisch für „guter Sohn", Gott der männlichen Fruchtbarkeit) feierte man das Ende der Erntezeit. Man richtete Früchte und Getreide zum Dank auf kleinen Altären an und bastelte Puppen aus Maiskolben als Glücksbringer für die kalte Jahreszeit. Außerdem wurden aus Äpfeln, den von den Kelten am meisten verehrten Früchten, Puppen angefertigt.

Was Sie benötigen:

* einige Lorbeerblätter
* eine Ingwerwurzel
* einige Eisenkrautblätter
* grobes Salz
* dunkler Stoff
* 4 Kerzen (grün, gelb, blau und rot)
* Opfergaben: feuchte Erde, Mais, Äpfel, Sonnenblumenblüten und trockene Blätter

Magische Worte:

Die Früchte reifen,
die Samen keimen,
die Stunden von Tag und Nacht
sind im Gleichgewicht.
Göttin der Fruchtbarkeit,
ich erntete die Früchte meiner Taten,
die guten und die schlechten.

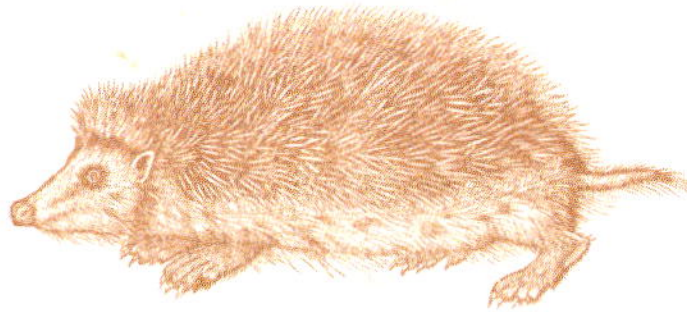

Abrakadabra

Mabon war eines der heiligsten Feste für das keltische Volk. Die Nacht und der Tag glichen sich, die Natur war erschöpft von der Ernte und hatte sich auf die bevorstehende winterliche Ruhe vorbereitet.

Reinigen Sie das Haus zu diesem Zeitpunkt gründlich und stellen Sie einen Altar auf. Bereiten Sie ein Reinigungsbad mit Kräutern und Salz. Atmen Sie während des Bades tief durch und denken Sie darüber nach, was Ihnen dieses Jahr schon beschert hat und was es noch bringen wird. Trocknen Sie sich nach dem Bad ab, kleiden Sie sich in Weiß und errichten Sie den Altar des Mabon. Legen Sie in Richtung Osten ein dunkles Stofftuch auf einen kleinen Tisch und breiten Sie darauf Ihre Opfergaben aus, als Symbol für alles Gute, das Ihnen widerfahren ist. Stellen Sie die Kerzen wie folgt auf: Grün (Nord), Gelb (Ost), Blau (West) und Rot (Süd). Zünden Sie zuerst die Kerze im Osten an und danken Sie für Licht und Luft. Dann zünden Sie die Kerze im Süden an und danken für Feuer und Wärme; dann die Kerze im Westen, mit der Sie für das Wasser danken und die Kerze im Norden, mit der Sie für die Erde danken. Treten Sie vom Altar zurück und halten Sie einen Moment inne, bevor Sie die magischen Worte sprechen. Es ist wichtig, dass Sie die Opfergaben bis zum 21. Juni aufbewahren.

Der Mythos von Demeter und Persephone

Im antiken Griechenland feierte man den Herbstanfang in Form eines Staatskultes in Eleusis bei Athen zu Ehren von Demeter und Persephone. Der Legende nach hatte Demeter, Göttin der Fruchtbarkeit der Erde und der Jahreszeiten, eine wunderschöne Tochter namens Persephone. Hades, der Herrscher über die Unterwelt, entführte sie, da er von ihrer Schönheit angetan war. Während Demeter nach ihrer Tochter suchte, vernachlässigte sie ihre Pflichten, die Erde wurde unfruchtbar und es fing an zu schneien. Erst als Demeter ihre Tochter wiederfand, begann alles erneut zu blühen.

In Begleitung von Feen

Ein Feenkreis im Wald

Feen sind wunderbare Wesen voller Anmut, Magie und Liebe. Sie leben in Wäldern, im Wasser, in den Wolken und in der Luft. Sie zeigen sich selten, erscheinen jedoch in Träumen und vor allem in der Fantasie der Kinder. Ähnlich wie die Kinder sind Feen frei und verspielt, sie haben stets ein Lächeln im Gesicht und sind manchmal auch ein bisschen frech. Es gibt viele verschiedene Feen – Lamien (die Feen der Höhlen), Nymphen (die Feen der Quellen), Dryaden (die Feen der Wälder), Sirenen (die Feen der Meere), Sylphen (die Feen der Lüfte) und Undinen (die Feen der Flüsse). Dann gibt es noch die guten Feen, die immer dort sind, wo kleine Kinder sind. Der unschuldige Blick, das Lächeln und die Spielfreude eines Kindes faszinieren die Feen, sodass man sie nicht erst herbeirufen muss.

Was Sie benötigen:

* weiße und farbenfrohe Blumen
* Kieselsteine
* Glitzerkonfetti
* Schellen und Glöckchen

Abrakadabra

Sie haben mit Sicherheit schon einmal einen gesehen: einen Feenkreis aus Pilzen oder Blumen. Sie können einen Durchmesser von bis zu 50 Metern haben. Früher glaubte man, es würde Unglück bringen, einen dieser Kreise zu betreten. Feen sind jedoch zumeist friedliche, wenn auch etwas lebhafte Wesen mit einem guten Herzen.

Im Folgenden wird ein Ritual vorgestellt, mit dem Sie Ihren eigenen Feenkreis herstellen können. Dafür suchen Sie sich im Frühling einen sonnigen Platz in der Natur. Sammeln Sie Früchte, Blumen, Rinden, Steine usw. Bilden Sie daraus einen großen Kreis. Streuen Sie etwas Glitzerkonfetti aus, denn Feen mögen glitzernde Dinge. Lassen Sie auch die Glöckchen erklingen und erzählen Sie ein paar Geschichten, wodurch Sie ihre Aufmerksamkeit erwecken und sie dazu verleiten, in den Kreis zu treten, um mit Ihnen den magischen Augenblick zu teilen. Seien Sie achtsam, denn manchmal erscheinen sie nicht in menschlicher Gestalt, sondern als Schmetterling, Libelle oder Biene.

Wie locke ich die Feen an?

Diese wunderbaren Wesen der Natur lieben den Duft von Blumen und sie mögen bunte Vögel und Schmetterlinge. Sie sollten also wohlriechende Blumen pflanzen und jeden Tag ein bisschen Gerste oder Mais auf Ihrem Fenstersims verstreuen, um sie anzulocken. Denken Sie daran: Die Lieblingsblumen der Feen sind Glockenblumen, Fingerhut, Lilien, Stiefmütterchen, Pfingstrosen, Zinien, Petunien und Eisenkraut.

Reinigung der Umgebung

Der Hauch des Glücks

Die Menschen haben schon immer nach Hinweisen für Glück und Unglück gesucht: das vierblättrige Kleeblatt, die Zahl Sieben oder die gekreuzten Finger. Ob Magie, Übernatürliches oder Zufall – schon oft hat sich die Existenz von Amuletten und Talismanen bewährt. Früher wendete man häufig Reinigungsrituale an, um bevorstehendes Unglück zu vertreiben und Schutzgeister herbeizurufen. Lassen Sie diese alte Tradition aufleben, indem auch Sie Ihr Haus reinigen und mit positiver Energie aufladen. Dabei ist es wichtig, eine aufgeräumte und saubere Umgebung zu schaffen. Unordnung und Schmutz ziehen negative Energie an.

Was Sie benötigen:

* ein Bund Petersilie
* ein Bund Raute
* ein Bund Lorbeer
* eine Handvoll Anissamen
* Sandelholz-Essenz
* Quellwasser
* Sprühflasche und Trichter
* grüne Kerzen

Magische Worte:
Reinigender Regen,
vertreibe die bösen
Geister und bringe
Glück in dieses Haus.

Abrakadabra

Erwärmen Sie einen Liter Wasser. Fügen Sie Petersilie, Raute, Lorbeer und Anis hinzu. Lassen Sie alles 10 Minuten kochen und dann abkühlen. Gießen Sie die Flüssigkeit ab und geben Sie einige Tropfen Sandelholzöl hinzu. Vermischen Sie alles und füllen Sie die Mischung mithilfe eines Trichters in eine Sprühflasche und zerstäuben Sie die Flüssigkeit im ganzen Haus, während Sie die magischen Worte sprechen. Entzünden Sie in jedem Zimmer eine grüne Kerze und lassen Sie sie abbrennen. Behalten Sie die Kerzen im Auge. Wenn Sie eine Kerze schon vorher löschen, können negative Energien im Haus bestehen bleiben. Besprühen Sie dann jedes Zimmer noch einmal und wiederholen Sie den Zauber, bis die Flammen kräftig brennen.

Die Glücksäpfel

Feuer ist das magischste und mächtigste Element von allen. Es erhellt die Finsternis, es wärmt und es reinigt. Äpfel ziehen das Glück an und schützen vor negativen Schwingungen. Es ist nichts so kraftvoll und magisch wie ein ganzes Haus voller Apfelkerzen. Halbieren Sie einige rote Äpfel und trennen Sie das Gehäuse heraus, damit Sie ein Teelicht einsetzen können. Wiederholen Sie das Ganze mit den restlichen Äpfeln und legen Sie sie in die dunklen Winkel des Hauses, wo sich eventuelle negative Schwingungen sammeln.

Danke für alles

Das Ritual mit den vier Elementen

Die Kraft eines Zaubers wird stärker, wenn man sich zu bedanken weiß. Wendet man sich nur im akuten Fall der Magie zu, so kann der gewünschte Effekt ausbleiben. Daher ist es empfehlenswert, ab und zu ein Ritual der Dankbarkeit durchzuführen. Es geht dabei darum, sich für Leben und Gesundheit und alles, was Sie sind und haben, zu bedanken. Damit sind Sie bereit für alles, was noch kommen mag und für gute und schlechte Zeiten gewappnet.

Was Sie benötigen:

* 3 Blatt weißes Papier
* ein kleines weißes Tuch
* eine rote Kerze
* ein Tongefäß
* feuchte Erde
* ein Glasgefäß
* Quellwasser
* ein wasserfester Filzstift
* stabiles Garn

Abrakadabra

Feuer, Wasser, Erde und Luft sind die grundlegenden Elemente der Welt. Mit ihrer magischen Hilfe und unter ihrem Einfluss arbeiten Alchemisten, Hexen und Zauberer die geheimen Formeln aus. Sie sind der Natur unendlich dankbar für das, was sie ihnen bereitstellt. Dabei sind alle Elemente von der gleichen Wichtigkeit und man ist ihnen gleichermaßen zum Dank verpflichtet.

Schreiben Sie die Worte der Dankbarkeit an die Erde auf ein Papier: *„Letztes und erstes Element des Universums, danke, dass du mich nährst und beschützt."* Füllen Sie die feuchte Erde in das Tongefäß und vergraben Sie das Papier darin.

Schreiben Sie den Dankessatz für das Feuer auf ein anderes Papier: *„Danke, Feuer, für deine Energie, Wärme, Leidenschaft und Kraft."* Zünden Sie die rote Kerze an und übergeben Sie Ihren Dank den Flammen.

Die dritte Danksagung richtet sich an das Wasser: *„Danke, Wasser, dass du den Fluss meiner Emotionen schützt."* Füllen Sie das Quellwasser in das Glasgefäß und tauchen Sie das beschriebene Papier hinein.

Schließlich schreiben Sie einen vierten Dankessatz auf ein kleines weißes Tuch, gerichtet an die Luft: *„Brise meiner Gedanken, vielen Dank für deine magische Inspiration."* Befestigen Sie das Tuch an einem Stück widerstandsfähigen Garn und verbrennen Sie es weit weg von allem an einem Ast in der Natur.

Die vier Beschützer

- **Luft:** Sie wohnt im Osten, ihre Jahreszeit ist der Frühling und sie richtet sich nach der aufgehenden Sonne. Sie hilft uns in Sachen Kommunikation und Wunscherfüllung. Ihre Farbe ist Gelb und ihre magischen Geschöpfe sind Sylphen, Zephyren und Feen. Paralda ist die Herrscherin des Elementes Luft.

- **Feuer:** Es kommt aus dem Norden, seine Jahreszeit ist der Sommer und seine Farbe Rot. Es hilft in allen Lebensbereichen, wenn man Stärke, Leidenschaft und Energie wecken will. Seine magischen Geschöpfe sind die Salamander, Feen und Drachen. Djin ist die Königin des Elementes Feuer.

- **Wasser:** Es kommt aus dem Westen, seine Farbe ist Blau und es wird bei Fruchtbarkeits- und Glücksritualen verwendet. Nymphen, Undinen und Sirenen sind seine magischen Geschöpfe. Nixa ist die Königin des Elementes Wasser.

- **Erde:** Sie wohnt im Süden, ihre Farbe ist Grün und mit ihr begeht man Rituale, die neue Möglichkeiten schaffen sollen. Kobolde und Gnome sind ihre magischen Geschöpfe. Gho ist die Königin des Elementes Erde.

Ostara, gib mir deine Kraft

Pflanzen Sie einen Wunsch

In der Weißen Magie spielt die Natur eine sehr große Rolle – sie ist sogar lebensnotwendig. Der Kreis des Lebens fließt parallel zum Rhythmus von Mutter Natur. Wir werden geboren, wachsen heran, pflanzen uns fort, werden älter und sterben, um erneut geboren zu werden, heranzuwachsen … In diesem magischen Handbuch finden Sie eine Zusammenstellung von Formeln, die auf dem Gebrauch von natürlichen Elementen basieren. Samen, Kräuter, Rinden oder Schalen, die vier Elemente … alles trägt eine bestimmte Kraft in sich. Der Zeitpunkt im Jahr ist entscheidend. Abhängig von Ihren Wünschen und Bitten können manche Zauber besser während der Wintersonnenwende und manche besser während der Sommersonnenwende umgesetzt werden. Pflanzen Sie zu diesen Zeitpunkten einen Wunsch, damit er stark wird und voller positiver Energie. Am besten eignet sich der Zeitpunkt der Tagundnachtgleiche im Frühling, der bei den Kelten unter dem Namen *Ostara* bekannt ist – zu Ehren der germanischen Fruchtbarkeitsgöttin Ostara.

Was Sie benötigen:

* verschiedene Tulpen- und Lilienzwiebeln
* Küchenpapier
* ein wasserfester Filzstift
* Blumentöpfe, Erde, eine kleine Schaufel und Quellwasser
* eine Handvoll grobes Salz

Abrakadabra

Dieses Ritual muss am ersten Tag der Tagundnachtgleiche im Frühling und am besten bei Nacht durchgeführt werden. Nehmen Sie ein reinigendes Bad mit Zitrone und Salz, um keine negativen Energien an die Blumenzwiebeln zu übertragen. Die Blumenzwiebeln können nach der Blüte aus der Erde genommen und den Winter über an einem trockenen Ort aufbewahrt werden. Im nächsten Frühling können sie erneut eingepflanzt werden. Im Laufe der Jahre nehmen die Blumenzwiebeln immer mehr positive Energien auf und die Wünsche „keimen“ viel leichter auf.

Wenn Sie sich von negativen Energien befreit haben, kleiden Sie sich in Weiß und schreiben Sie Ihre Wünsche auf das Küchenpapier. Benutzen Sie so viele Küchenpapiere wie Blumenzwiebeln und beginnen Sie mit dem Einpflanzen. Wickeln Sie sie jeweils einzeln ein, sodass jeder einzelne Wunsch mit dem Samen und der Erde verbunden bleibt. Pflanzen Sie dann eine einzelne Blumenzwiebel in einen Blumentopf und gießen Sie das Quellwasser darüber, während Sie an Ihren Wunsch denken. Sie können dann als Schutzbarriere gegen negative Einflüsse an die Kante jedes Blumentopfes eine Prise Salz streuen. Die Blumenzwiebeln und die Wünsche werden sehr bald blühen und den ganzen Frühling über herrlich erstrahlen. Vergessen Sie nicht, sie aus der Erde zu nehmen und sie in Zeitungspapier eingewickelt bis zur nächsten Tagundnachtgleiche aufzubewahren.

Magische Blumen

In Blumenzwiebeln steckt außergewöhnlich viel Kraft und Energie:

- **Primel:** Verschiedenen Legenden zufolge ist sie die Lieblingsblume der Elfen. Man glaubt, sie habe die Fähigkeit, das Unsichtbare sichtbar zu machen und benutzt sie für Glücksrituale.
- **Mohnblume:** Magische, sagen- und legendenumwobene Blume. Persephone pflückte Mohnblumen, als Hades sie entführte; Morpheus, der Gott des Traumes, hält immer eine Mohnblume in der Hand. Außerdem sagt man ihr die Fähigkeit nach, für Fruchtbarkeit, Geld und Wohlstand zu sorgen.
- **Stiefmütterchen:** Wer sie pflanzt und sie schnell blühen sieht, wird sehr bald die Liebe seines Lebens treffen. Früher glaubte man, dass derjenige, der auf ihnen schläft, sich in die erste Person verliebt, die er sieht, wenn er aufwacht.
- **Veilchen:** Mächtiger Schutz gegen negative Energien und Unglück.
- **Orangenblüte:** Die Blüte der Orange bringt Freude und Verständnis für Paare. Man benutzt die Blüte auch für Beichtrituale.

Begleite mich, mein Engel

Engel der Kabbala

Nach der Kabbala haben wir alle einen Schutzengel, einen göttlichen Boten, der unser Schicksal und unsere Wünsche trägt. Er ist immer bei uns, um uns mit Rat und Tat zur Seite zu stehen. Jeder einzelne dieser 72 Schutzengel übernimmt an fünf Tagen in unserem Kalender unseren Schutz, was insgesamt 360 Tage ergibt. Also bleiben uns fünf Tage ohne Schutzengel:

5. Januar
19. März
31. Mai
12. August
24. Oktober

Jeder, der an einem dieser Tage geboren wurde, hat das Glück, seinen Schutzengel frei wählen zu können. Hier ist eine Liste der Schutzengel mit der jeweiligen Zuordnung der Tage:

* 6. Januar, 20. März, 1. Juni, 13. August, 25. Oktober
Vehuiah (Seraphim)

* 7. Januar, 21. März, 2. Juni, 14. August, 26. Oktober
Jeliel (Seraphim)

* 8. Januar, 22. März, 3. Juni, 15. August, 27. Oktober
Sitael (Seraphim)

* 9. Januar, 23. März, 4. Juni, 16. August, 28. Oktober
Elemiah (Seraphim)

* 10. Januar, 24. März, 5. Juni, 17. August, 29. Oktober
Mahasiah (Seraphim)

* 11. Januar, 25. März, 6. Juni, 18. August, 30. Oktober
Lelahel (Seraphim)

* 12. Januar, 26. März, 7. Juni, 19. August, 31. Oktober
Achaiah (Seraphim)

* 13. Januar, 27. März, 8. Juni, 20. August, 1. November
Cahetel (Seraphim)

* 14. Januar, 28. März, 9. Juni, 21. August, 2. November
Haziel (Cherubim)

* 15. Januar, 29. März, 10. Juni, 22. August, 3. November
Aladiah (Cherubim)

* 16. Januar, 30. März, 11. Juni, 23. August, 4. November
Lauviah (Cherubim)

* 17. Januar, 31. März, 12. Juni, 24. August, 5. November
Hahahiah (Cherubim)

* 18. Januar, 1. April, 13. Juni, 25. August, 6. November
Iezalel (Cherubim)

* 19. Januar, 2. April, 14. Juni, 26. August, 7. November
Mebahel (Cherubim)

* 20. Januar, 3. April, 15. Juni, 27. August, 8. November
Hariel (Cherubim)

* 21. Januar, 4. April, 16. Juni, 28. August, 9. November
Hekamiah (Cherubim)

* 22. Januar, 5. April, 17. Juni, 29. August, 10. November
Leviah (Throne)

* 23. Januar, 6. April, 18. Juni, 30. August, 11. November
Caliel (Throne)

* 24. Januar, 7. April, 19. Juni, 31. August, 12. November
Leuviah (Throne)

* 25. Januar, 8. April, 20. Juni, 1. September, 13. November
Pahaliah (Throne)

* 26. Januar, 9. April, 21. Juni, 2. September, 14. November
Nelkhael (Throne)

* 27. Januar, 10. April, 22. Juni, 3. September, 15. November
Yeiayel (Throne)

* 28. Januar, 11. April, 23. Juni, 4. September, 16. November
Melahel (Throne)

* 29. Januar, 12. April, 24. Juni, 5. September, 17. November
Haheuiah (Throne)

* 30. Januar, 13. April, 25. Juni, 6. September, 18. November
Nith-Haiah (Herrschaften)

* 31. Januar, 14. April, 26. Juni, 7. September, 19. November
Haaiah (Herrschaften)

* 1. Februar, 15. April, 27. Juni, 8. September, 20. November
Yeratel (Herrschaften)

* 2. Februar, 16. April, 28. Juni, 9. September, 21. November
Seheiah (Herrschaften)

* 3. Februar, 17. April, 29. Juni, 10. September, 22. November
Reiyel (Herrschaften)

* 4. Februar, 18. April, 30. Juni, 11. September, 23. November
Omael (Herrschaften)

* 5. Februar, 19. April, 1. Juli, 12. September, 24. November
Lecabel (Herrschaften)

* 6. Februar, 20. April, 2. Juli, 13. September, 25. November
Vasariah (Herrschaften)

* 7. Februar, 21. April, 3. Juli, 14. September, 26. November
Yehuiah (Mächte)

* 8. Februar, 22. April, 4. Juli, 15. September, 27. November
Lehahiah (Mächte)

* 9. Februar, 23. April, 5. Juli, 16. September, 28. November
Chavakiah (Mächte)

* 10. Februar, 24. April, 6. Juli, 17. September, 29. November
Menadel (Mächte)

* 11. Februar, 25. April, 7. Juli, 18. September, 30. November
Aniel (Mächte)

* 12. Februar, 26. April, 8. Juli, 19. September, 1. Dezember
Haamiah (Mächte)

* 13. Februar, 27. April, 9. Juli, 20. September, 2. Dezember
Rehael (Mächte)

* 14. Februar, 28. April, 10. Juli, 21. September, 3. Dezember
Ieiazel (Mächte)

* 15. Februar, 29. April, 11. Juli, 22. September, 4. Dezember
Hahahel (Tugenden)

* 16. Februar, 30. April, 12. Juli, 23. September, 5. Dezember
Mikael (Tugenden)

* 17. Februar, 1. Mai, 13. Juli, 24. September, 6. Dezember
Veuliah (Tugenden)

* 18. Februar, 2. Mai, 14. Juli, 25. September, 7. Dezember
Yelahiah (Tugenden)

* 19. Februar, 3. Mai, 15. Juli, 26. September, 8. Dezember
Sealiah (Tugenden)

* 20. Februar, 4. Mai, 16. Juli, 27. September, 9. Dezember
Ariel (Tugenden)

* 21. Februar, 5. Mai, 17. Juli, 28. September, 10. Dezember
Asaliah (Tugenden)

* 22. Februar, 6. Mai, 18. Juli, 29. September, 11. Dezember
Mihael (Tugenden)

* 23. Februar, 7. Mai, 19. Juli, 30. September, 12. Dezember
Vehuel (Fürstentümer)

* 24. Februar, 8. Mai, 20. Juli, 1. Oktober, 13. Dezember
Daniel (Fürstentümer)

* 25. Februar, 9. Mai, 21. Juli, 2. Oktober, 14. Dezember
Hahasiah (Fürstentümer)

* 26. Februar, 10. Mai, 22. Juli, 3. Oktober, 15. Dezember
Imamiah (Fürstentümer)

* 27. Februar, 11. Mai, 23. Juli, 4. Oktober, 16. Dezember
Nanael (Fürstentümer)

* 28. Februar, 12. Mai, 24. Juli, 5. Oktober, 17. Dezember
Nithael (Fürstentümer)

* 1. März, 13. Mai, 25. Juli, 6. Oktober, 18. Dezember
Mebahiah (Fürstentümer)

* 2. März, 14. Mai, 26. Juli, 7. Oktober, 19. Dezember
Poyel (Fürstentümer)

* 3. März, 15. Mai, 27. Juli, 8. Oktober, 20. Dezember
Nemamiah (Erzengel)

* 4. März, 16. Mai, 28. Juli, 9. Oktober, 21. Dezember
Yeialel (Erzengel)

* 5. März, 17. Mai, 29. Juli, 10. Oktober, 22. Dezember
Harahel (Erzengel)

* 6. März, 18. Mai, 30. Juli, 11. Oktober, 23. Dezember
Mitzrael (Erzengel)

* 7. März, 19. Mai, 31. Juli, 12. Oktober, 24. Dezember
Umabel (Erzengel)

* 8. März, 20. Mai, 1. August, 13. Oktober, 25. Dezember
Iahhel (Erzengel)

* 9. März, 21. Mai, 2. August, 14. Oktober, 26. Dezember
Anauel (Erzengel)

* 10. März, 22. Mai, 3. August, 15. Oktober, 27. Dezember
Mehiel (Erzengel)

* 11. März, 23. Mai, 4. August, 16. Oktober, 28. Dezember
Damabiah (Engel)

* 12. März, 24. Mai, 5. August, 17. Oktober, 29. Dezember
Manakel (Engel)

* 13. März, 25. Mai, 6. August, 18. Oktober, 30. Dezember
Eyael (Engel)

* 14. März, 26. Mai, 7. August, 19. Oktober, 31. Dezember
Habuhiah (Engel)

* 15. März, 27. Mai, 8. August, 20. Oktober, 1. Januar
Rochel (Engel)

* 16. März, 28. Mai, 9. August, 21. Oktober, 2. Januar
Jabamiah (Engel)

* 17. März, 29. Mai, 10. August, 22. Oktober, 3. Januar
Haiaiel (Engel)

* 18. März, 30. Mai, 11. August, 23. Oktober, 4. Januar
Mumiah (Engel)

Abrakadabra

Wenn Sie nun den Namen Ihrer Lichtgestalt wissen, können Sie sich auf die Anrufung vorbereiten. Säubern Sie Ihre Wohnung und räumen Sie auf. Nehmen Sie ein Reinigungsbad mit Zitrone und Salz. Trocknen Sie sich ab, ziehen Sie weiße Kleidung aus Baumwolle oder Leinen an und beginnen Sie mit der Anrufung wie folgt:

1. Rufen Sie den Namen des Engels.
2. Rufen Sie Ihren Namen.
3. Tragen Sie die Lobrede an den Engel vor.
4. Formulieren Sie Ihre Bitte.
5. Besiegelung.

Wenn Ihr Engel zum Beispiel Eyael ist, lautet die Anrufung so:

Eyael, ich rufe dich.
Ich, (Name), rufe dich
mir zur Seite, mir zu Hilfe.
Ich rufe dich,
Eyael, als Lichtgestalt.
Du, und nur du allein,
kannst mich erretten aus dieser Trance.
Du, der du bist großzügig und allwissend,
wirst mich nicht zurückweisen.
Ich bitte dich, gib mir Gesundheit und Wohlstand.
Eberjanon-Anoal (so sei es).

Welche Art von Engel beschützt Sie?

Man sagt, dass die Engel um Gott herum drei Chöre bilden und Lobreden an die Schöpfung singen. Der erste Chor steht Gott am nächsten und besteht aus Seraphim, Cherubim und Thronen. Der zweite enthält Herrschaften, Tugenden und Mächte. Im dritten, der unserer Welt (also der Menschheit) am nächsten ist, sind Fürstentümer, Erzengel und Engel vertreten.

- **Seraphim:** Sie umgeben die Throne der Götter und regeln die Geschicke im Himmel.
- **Cherubim:** Sie wachen über das Licht und die Sterne.
- **Throne:** Sie sind die Begleiter der Planeten.
- **Herrschaften:** Sie herrschen über die Taten aller Engelgruppen.
- **Tugenden:** Sie stehen für den Willen Gottes.
- **Mächte:** Sie stehen für die Kraft Gottes.
- **Fürstentümer:** Sie sind die Schutzengel der Städte und Nationen.
- **Erzengel:** Sie sind sehr helle, verantwortungsbewusste Engel. Sie herrschen über die Tiere und erledigen viele Dienste für die Menschheit.
- **Engel:** Sie sind den Menschen am nächsten und führen uns als unsere liebenswerten Berater.

Beltane, gib unserer Liebe Aufwind

Ein Frühlingsritual

Die keltischen Völker teilten das Jahr in zwei gegensätzliche Hälften. In der einen herrschte die Dunkelheit und in der anderen das Licht. Der magische Tag, an dem sie fröhlich die Ankunft des Frühlings feierten, nannte man Beltane – das war unser heutiger 1. Mai. An jenem Tag gingen sie in die Berge und entzündeten große Fackeln. Verheiratete Paare gingen in die Wälder, um ihre persönlichen Bäume mit bunten Bändern zu schmücken. Beltane war eines der schönsten keltischen Feste des Jahres. Im Gegensatz zum düsteren Samhain (Fest der Schatten; heute: Halloween) feierte man bei Beltane den hohen Sonnenstand und dass die Tage immer länger wurden. Man verehrte die Götter der Fruchtbarkeit und hielt Erneuerungsrituale ab, mit Liedern über das Leben und die Liebe.

Was Sie benötigen:

* verschiedene farbige Bänder (von etwa 1 Meter Länge)
* ein Korb mit weißen Blumen
* ein Korb mit roten Blumen

Abrakadabra

Einer der schönsten Bräuche an Beltane besteht darin, dass mehrere bunte Bänder um den Stamm eines Schutzbaumes gewickelt werden. Dieses Ritual ist für Paare gedacht, aber auch für diejenigen, die noch nach einem Partner suchen und so die fruchtbaren Geister des Frühlings beschwören möchten.

Ein paar Tage vor Beltane sollten Sie den genauen Ort ausmachen, wo sich Ihr heiliger Baum befindet. Wenn Sie das Ritual als Paar durchführen, genügt der Baum eines Partners. Wollen Sie Ihre Liebe auffrischen, so können Sie im nächsten Jahr den Baum des anderen aufsuchen.

Wenn es soweit ist, machen Sie sich mit den aufgelisteten Sachen auf den Weg. Nehmen Sie sich an den Händen, sobald Sie bei Ihrem Baum angekommen sind und umarmen Sie den Baum so, dass Sie beide mit dem Herzen die Baumrinde berühren. Halten Sie sich bei diesem Ritual Ihre Liebe vor Augen, die Sie jetzt und für immer füreinander empfinden. Nehmen Sie dann die bunten Bänder und binden Sie sie um den Stamm, die Äste und die Wurzeln. Hierbei handelt es sich um eine Opfergabe für Ihren Liebesbaum. Deshalb sollten Sie zärtlich und hingebungsvoll vorgehen, um den Baum nicht zu verletzen. Denken Sie daran, dass die Kelten gerade die Bäume besonders verehrten.

Jetzt fahren Sie mit dem Fruchtbarkeitsritual fort. Dafür nimmt der Mann den Korb mit den roten Blumen und die Frau den mit den weißen Blumen. Streuen Sie die Blumen um den Baum herum, mischen Sie sie und passen Sie auf, dass Sie nicht auf die Blumen treten. Stellen Sie sich gegenüber, nehmen Sie sich an der Hand und bitten Sie Beltane um die Erfüllung Ihrer Wünsche. Wenn Ihr Ritual beendet ist, verbringen Sie den Rest des Tages bei einem Picknick unter dem Baum.

Andere magische Tage des keltischen Kalenders

- **Samhain:** Ein letztes Ernteritual vor den kalten, dunklen Wintermonaten. Man glaubte, dass der Schleier, der die Welt der Lebenden von der Welt der Toten trennt, zu dieser Zeit am dünnsten ist. Es war üblich, Rüben auszuhöhlen und Kerzen hineinzustellen. Diese Tradition findet man heute noch bei den Kürbissen an Halloween (31. Oktober).

- **Imbolc:** Eines der wichtigsten Feste im keltischen Kalender. Es steht mit dem Erwachen der Natur in Verbindung und ist ein Fest des Lichts und der Fruchtbarkeit.

Für Glück und Wohlstand

Magischer Glücksstaub

Staub wird schon sehr lange in der Magie benutzt: zur Erlangung von Glück, Liebe, Wohlstand und zum Schutz gegen böse Geister. Das Pulver aus Ästen, Rinden, kleinen Früchten und getrockneten Kräutern kann Änderungen der Stimmung hervorrufen und verschiedene Leiden heilen. Man kann den Staub alleine oder mit anderen Pulvern zusammen verwenden. Es ist gut, wenn die Haut damit in Berührung kommt, ob während einer Massage oder im Badewasser.

Ein kleines Geheimnis

Früher benutzte man Holunder-Holz für die Herstellung kleiner Pfeifen, die dazu dienten, um mit Geistern, Kobolden und Feen in Kontakt zu treten.

Was Sie benötigen:

* 50 g Holunderblüten (oder Holunder in Pulverform)
* eine Handvoll Sesam
* 50 g Buchweizenmehl
* 3 Münzen

Abrakadabra

Geben Sie die Holunderblüten und den Sesam in eine Holzschale. Vermischen Sie alles mit dem Mehl, fügen Sie die Münzen hinzu und füllen Sie das Ganze in eine Flasche mit Schraubverschluss.

Entfernen Sie die Münzen und das Pulver am siebten Tage, um sieben Uhr morgens oder abends, ohne die magischen Worte zu vergessen. Am achten Tag können Sie die Mischung schon verwenden.

Öffnen Sie jeden Morgen die Flasche, tauchen Sie jeden Finger der rechten Hand in die Mischung und trocknen Sie beide Hände mit dem magischen Staub.

Magische Worte:

Heiliger, geweihter Holunderstaub, bringe dem, der dich bei sich trägt, Wohlstand und Glück.

Schutz gegen Zaubereien

Ein mächtiges Schutzarmband

Wo immer Sie gehen und stehen, vor allem in der Öffentlichkeit, laufen Sie Gefahr, negative Energien aufzunehmen. Gerade dann, wenn Ihnen jemand Schaden zufügen will. Deshalb sollten Sie stets ein Schutzamulett auf Ihrer Haut tragen, das mit der mächtigen Energie der Raute und der Schutzsteine aufgeladen ist.

Was Sie benötigen:

* eine Metall- oder Glasschale
* ein weißes Stoffband
* ein wasserfester Filzstift
* eine Handvoll Raute
* eine Handvoll grobes Salz
* Ihr persönlicher Schutzkristall (siehe Seite 43)

Abrakadabra

Mischen Sie Raute und Salz in der Schale und legen Sie Ihren Schutzkristall hinein. Breiten Sie das weiße Stoffband auf dem Tisch aus und schreiben Sie darauf: *„Nichts kannst du gegen mich ausrichten.“* Legen Sie das Stoffband unter die Raute und das Salz. Lassen Sie den Stein und das Amulett über Nacht mit Energie aufladen. Am nächsten Tag nehmen Sie das Band und knoten es an das rechte Handgelenk. Wenn Sie nicht möchten, dass jemand Ihren Beschützer sieht, können Sie ihn in einem Beutel tragen. Jedoch ist es wichtig, dass er immer mit der Haut in Kontakt ist.

Die Magie der Bänder

In der Weißen Magie werden Bänder benutzt, um eine ausweglose Liebe an sich zu „binden“, eine Person aus unserem Leben zu „lösen“ oder für Versöhnungsrituale. Die Bänder müssen aus Naturstoff (Baumwolle, Leinen) sein und außerdem vorher gereinigt und mit positiver Energie aufgeladen werden. Auch die Farbe der Bänder spielt eine wichtige Rolle:

- **Rot:** Bindungs- und Loslösungszauber. Probleme in der Liebe und in persönlichen Beziehungen (Familie, Beruf, Kinder).
- **Weiß:** Gegenzauber zum Schutz und gegen den Bösen Blick.
- **Grün:** Gesundheitszauber, körperlicher und seelischer Zustand.
- **Blau:** Berufliche Angelegenheiten, Geld und Glück.

Glossar

Abundantia: Hüterin des Füllhorns.

Amethyst: Stein, der für Gleichgewicht und positive Energien sorgt.

Amulett: Magischer Gegenstand zum Schutz einer Person.

Anael: Engel der Paare und der Liebe.

Apfel: Heilige Frucht, die in Liebes- und Partnerschaftsritualen benutzt wird.

Aquamarin: Mystischer Stein, bekannt für seine klärende und hellsichtige Wirkung.

Astarte: Göttin der Fruchtbarkeit und der Liebe.

Aura: Sensible Energiequelle, die uns umgibt und unseren physischen, mentalen und emotionalen Zustand beeinflusst.

Azurit: Stein, von dem man glaubt, er habe die Fähigkeit, Träume wahr werden zu lassen.

Beifuß: *Artemisia vulgaris*; „Mutter aller Kräuter"; Artemis ist auch der Name einer griechischen Göttin, die Beschützerin der Natur.

Beltane: Heidnisches Fest zum Frühlingsanfang.

Bergkristall: Magischer Stein; vertreibt negative Energien und hat Reinigungsfähigkeiten.

Birke: Heiliger Baum der Fruchtbarkeit.

Cernunnos: Der „gehörnte Gott" und Gottheit des Wohlstands und der Tiere.

Chin-Lin: Fabelwesen mit dem Körper eines Pferdes und dem Kopf eines Drachen. Sie bringen Glück, Erfolg und Ruhm.

Circe: Mächtige Zauberin aus der griechischen Mythologie; kann alte oder zerrüttete Freundschaften wiederaufleben lassen.

Citrin: Magischer Stein, der die Intellektualität fördert.

Dagda: Einer der klügsten und ältesten keltischen Götter, Vater vieler anderer Götter des keltischen Pantheons.

Dahlie: Pflanze für Zärtlichkeits- und Liebeszauber.

Demeter: Griechische Schutzgöttin der vier Jahreszeiten.

Druide: Heiler, Richter und Philosoph der keltischen Kultur.

Dryade: Fee der Wälder.

Eiche: Heiliger Baum; Symbol für Macht, Stärke und Beständigkeit.

Erde: Naturelement für Rituale in Verbindung mit neuen Möglichkeiten.

Erle: Schutzbaum; Symbol für Bewältigung und Auferstehung.

Esche: Baum der Wiedergeburt, dessen Holz bei den Druiden für die Herstellung von Zauberstäben verwendet wurde.

Eukalyptus: Heiliger Baum für Heilungsrituale.

Feigenbaum: Heiliger Baum; Symbol für Kraft und Fruchtbarkeit.

Feuer: Naturelement für Stärke, Energie und Antrieb.

Gabriel: Himmelsbote, hilft in Zeiten des Zweifelns.

Hachimaki: Japanisches Stirnband voller positiver Energien und guter Wünsche.

Haselnussstrauch: Heiliger Baum, dessen Holz für Liebes- und Versöhnungsrituale verwendet wird.

Hathor: Ägyptische Göttin der Liebe, des Friedens, des Tanzes und der Musik.

Holunder: Schutzbaum und Berater in häuslichen Angelegenheiten.

Horusauge: Bekanntes Amulett aus dem alten Ägypten; schützt vor dem Bösen Blick und unterstützt den Geist.

Imbolc: Heidnisches Fest zum Ende des Winters.

Johannisfest: Heidnisches Fest zum Sommeranfang.

Johannniskraut: Kraut des heiligen Johannes; vertreibt böse Geister.

Julfest: Heidnisches Fest, das während der Wintersonnenwende gefeiert wird.

Kamille: Hat eine beruhigende Wirkung und wird für einen ruhigen Schlaf verwendet.

Kerze: Gegenstand in der Weißen Magie. Je nach Farbe hat sie verschiedene Kräfte.

Knoblauch: Mächtiges Mittel gegen böse Geister.

Knoten: Zauber, um den Willen einer Person „festzubinden".

Lakshmi: Hinduistische Göttin der Schönheit und des Reichtums.

Lamia: Fee, die in Höhlen lebt.

Lammas: Heidnisches Fest der Fruchtbarkeit und Liebe.

Lapislazuli: Blauer Edelstein; steht für Reinheit, Gesundheit und Glück.

Lavendel: Sein Duft ist oft Bestandteil von Kräutermischungen und Ölen.

Lorbeer: Magischer Strauch voller Energie und Schutz.

Luft: Naturelement als Botschafter unserer Wünsche.

Mab: Königin der Zauberer; Meister von Merlin.

Mabon: Heidnisches Fest zur Erinnerung an den Herbstanfang.

Magischer Kreis: Wird häufig bei Ritualen auf den Boden gezeichnet.

Mandelbaum: Heiliger Baum; Träger von Glück und wirtschaftlichem Wohlstand.

Michael: Kämpfer des Lichts, er hilft uns in Momenten der Angst und Sorge.

Morgana: Zauberfee der keltischen Mythologie; kann sich in jedes Tier verwandeln, über ihre Gedanken mit Toten kommunizieren, in die Zukunft sehen und sie beeinflussen.

Najaden: Magische Wesen, die im Wasser leben.

Ofuda: Beschützendes Omamori aus Japan.

Olivenbaum: Heiliger Baum; Symbol für Sicherheit und Treue.

Omamori: Schintoistische Schutzamulette (Japan).

Ostara: Heidnisches Fest während der Tagundnachtgleiche.

Raphael: Engel der physischen und psychischen Heilung.

Räuchern: Methode, um Öle, Pulver, Rinden oder Räucherstäbchen zu verbrennen.

Raute: Häufig verwendetes Kraut, das den Bösen Blick vertreibt und Glück herbeiführt.

Reinigung: Inneres Sauberkeitsritual vor dem Kontakt mit magischen Wesen.

Rosmarin: Vertreibt böse Geister und negative Gedanken.

Runen: Alphabetische Zeichen; ältestes System der Wahrsagung und Magie; wird oft in Heilungs- und Meditationsritualen verwendet.

Samhain: Magischer Tag des keltischen Kalenders, an dem das Ende des Lebenszyklus gefeiert wird.

San Cipriano von Antioquía: Schutzpatron der magischen Künste.

Schnur: Wichtiger Gegenstand in der Magie; hat je nach Farbe eine andere Funktion: Weiß (Wahrheit und Heldentat), Rot (Liebe und Sexualität), Schwarz (Aufnahme negativer Energien).

Shakiel: Engel, der Licht, Energie und Weisheit bringt.

Sif: Gattin von Thor und skandinavische Göttin.

Sylphen: Feen der Winde.

Talisman: Gegenstand für positive Energien und Glück.

Teru Teru Bozu: Japanisches Amulett, das man vor großen Feierlichkeiten ins Fenster hängt, um schlechte Einflüsse zu vertreiben.

Thor: Nordischer Gott der Stärke und körperlichen Energie.

Tigerauge: Magischer Glücksstein, auch zum Schutz gegen böse Geister.

Totem: Gegenstand, Wesen oder Tier, das in bestimmten Kulturen als magischer Beschützer gilt.

Tsai Shen Yeh: Chinesischer Gott des Reichtums.

Undine: Fee der Flüsse.

Uriel: Engel der Stärke und des Lichts, der bei Schwäche und Kraftlosigkeit hilft.

Venus: Römische Göttin der Liebe, Schönheit und Fruchtbarkeit.

Wasser: Naturelement; wird bei Fruchtbarkeits- und Glücksritualen verwendet.

Weide: Heiliger Baum; nach dem keltischen Kalender beschützt er diejenigen, die zwischen dem 15. April und dem 12. Mai geboren wurden.

Xochipilli: Junger Aztekengott der Liebe.

Zauberbuch: Mittelalterliches Buch der Magie

Zeder: Heiliger Baum für positive Energien; Symbol für ein langes Leben ohne Sorgen.

Zeus: König der Götter des Olymps, der die Menschen bestraft haben soll, indem er sie in der Mitte teilte.

Persönliche Notizen

Erstveröffentlichung 2010 unter dem Titel
„Abrakadabra" (ISBN 978-84-7556-729-7)

Grupo Océano – Milanesat 21-23 – 08017 Barcelona
Tel.: 93 280 20 20 – Fax: 93 203 17 91
www.oceano.com

Genehmigte Lizenzausgabe
tosa GmbH
Fränkisch-Crumbach 2012
www.tosa-verlag.de

Fotos: Dreamstime, P. D, Archivo Oceáno
Zeichnungen und Umschlaggestaltung: Jordi Galeano
Redaktion: Pere Romanillos, Jose González und Esther Sanz
Übersetzung: design cat GmbH

ISBN 978-3-86313-130-2